Bach-Blüten

und mentales Training

Karola Berger

Bach-Blüten

und mentales Training

Urania

Inhalt

Die Bach-Blüten

Die Bach-Blüten-Therapie ist eine Behandlungsform, die von dem englischen Arzt Dr. Edward Bach (1886 bis 1936) bereits in den dreißiger Jahren unseres Jahrhunderts entwickelt wurde.

Sie gehört zu den sanften Heilweisen, d. h. sie benutzt ausschließlich Mittel aus der Natur. Die Therapie ist so einfach und so gut nachvollziehbar, dass sie auch von Laien ohne besondere Fachausbildung angewandt werden kann. Wohl nicht zuletzt deshalb gehören die Bach-Blüten inzwischen in vielen Familien zur »Hausapotheke«.

Blüten senden heilende Schwingungen aus.

Dr. Bach kam im Rahmen seiner Forschungen über die Entstehung und Entwicklung von Krankheiten immer mehr zu der Erkenntnis, dass beim kranken Menschen irgendetwas aus dem Gleichgewicht geraten ist, dass da irgendetwas Grundsätzliches nicht mehr stimmt. Ihm wurde auch klar, dass diese Unstimmigkeiten ihre Wurzeln im seelischen Bereich haben.

Während seiner ausgedehnten Spaziergänge in der Natur spürte er andererseits immer mehr, dass jede Pflanze heilende Schwingungen in sich trägt, die das Ungleichgewicht im kranken Menschen ausgleichen können.

Er nahm diese Schwingungen vor allem an den Blüten der Pflanzen

Der Bezug von Bach-Blüten

Die Bach-Blütenessenzen können Sie einzeln in der Apotheke kaufen. Dort bekommt man die sogenannten »stock bottles«. Das sind Vorratsflaschen, deren Inhalt Sie zum Gebrauch weiter verdünnen. Sie können sich aber auch vom Apotheker gleich die gebrauchsfertige Mischung herstellen lassen. Davon nehmen Sie dann in der Regel dreimal täglich etwa drei bis fünf Tropfen ein.
(Genaue Angaben finden Sie im Behandlungsteil.)

wahr und bemerkte auch, dass sie bei jeder Pflanze anders sind und jeweils einen ganz bestimmten Impuls vermitteln. Um darüber Genaueres zu erfahren, stellte er von einigen Blüten Essenzen her. Und er fand heraus, dass jede Blütenart einen ganz bestimmten Lebensbereich im Menschen anspricht und ihn erfolgreich heilen kann, wenn ihm dort etwas fehlt.

So entwickelte und erprobte Dr. Bach nach und nach seine Essenzen, die aus 37 verschiedenen Pflanzen und dem Wasser einer heilkräftigen Quelle gewonnen werden. Dies sind die sogenannten 38 Standard-Blüten, die Ihnen auf den folgenden Seiten (S. 9–18) mit ihren Wirkungsweisen und Anwendungsmöglichkeiten vorgestellt werden.

In der Folgezeit haben viele andere Ärzte eingehende Forschungen damit durchgeführt und die Erkenntnisse von Dr. Bach bestätigt.

Heute gibt es an den meisten Orten Ärzte, Heilpraktiker, Zahnärzte und Tierärzte, die mit den Bach-Blüten vertraut sind und Sie entsprechend beraten können.

Nachfolgend finden Sie eine Übersicht über die Original-Blütenessenzen von Dr. Bach, die heute weltwebekannt und überall in Gebrauch sind.

Die 38 Standard-Blüten

Agrimony

(Odermennig – Agrimonia eupatoria)

Agrimony hilft Ihnen bei innerer Unruhe und Überlastung, wenn Sie sich bei innerem Schmerz und Angespanntheit um gute Laune, Ruhe und Harmonie bemühen und Ihre wahren Gefühle hinter einem fröhlichen Gesicht verbergen.

Die Tropfen helfen Ihnen, sich zu entspannen und das Ausmaß Ihrer Schwierigkeiten realistisch einzuschätzen.

Aspen

(Zitterpappel – Populus tremula)

Aspen ist hilfreich bei unbestimmten Ängsten, Vorahnungen, Alpträumen, bei Reisekrankheit und bei anscheinend grundlosen Panikattacken.

Die Tropfen wirken beruhigend und helfen Ihnen, die Ängste in den Griff zu bekommen und furchtlos und mutig zu sein.

Beech

(Rotbuche – Fagus sylvatica)

Beech hilft Ihnen, wenn Sie die Unzulänglichkeiten anderer Menschen nur schwer ertragen und nicht verstehen können, dass andere nach anderen Regeln handeln und ihren eigenen Weg gehen. Daraus ergeben sich Irritationen, Kontaktschwierigkeiten, Unausgeglichenheit, aber auch Lärmempfindlichkeit.

Die Tropfen verhelfen Ihnen zu mehr Mitgefühl und zum Annehmen-Können des anderen Menschen.

Centaury

(Tausendgüldenkraut – Centaurium umbellatum)

Centaury hilft Ihnen, wenn Sie ein schwaches Selbstwertgefühl haben, leicht beeinflussbar sind, nicht *nein* sagen können, weichherzig, empfindsam und schüchtern sind.

Die Tropfen geben Ihnen mehr Festigkeit und Standhaftigkeit und verhelfen Ihnen zu Respekt und Anerkennung durch andere Menschen.

Cerato

(Bleiwurz – Ceratostigma willmottiana)

Cerato hilft Ihnen, wenn Sie Ihrem eigenen Urteil nicht trauen, bei Unentschlossenheit, Selbstzweifeln und Ängstlichkeit, oder wenn Sie die Neigung haben, andere um Rat zu fragen und sich nach deren Meinung zu richten, auch wenn Sie es besser wissen.

Die Tropfen geben Ihnen mehr innere Sicherheit und intuitives Wissen.

Cherry Plum

(Kirschpflaume – Prunus cerasifera)

Cherry Plum ist hilfreich bei unterdrückter Angst und innerer Spannung, die manchmal so groß wird, dass man befürchtet, sich selbst oder andere zu verletzen.

Diese Spannung kann plötzlich auftreten, oft ist aber auch eine längere Zeit der Depression vorausgegangen oder man steht dicht vor einem Nervenzusammenbruch.

Die Tropfen bewirken Entspannung und Gelassenheit, aber auch Offenheit.

Chestnut Bud

(Knospe der Rosskastanie – Aesculus hippocastanum)

Chestnut Bud hilft Ihnen, wenn Sie immer wieder die gleichen Fehler machen, wenn Sie es anscheinend nicht lernen können, bestimmte Dinge anders zu machen, wenn Sie zerstreut und ruhelos sind.

Die Tropfen wirken in Richtung auf eine bessere Anwendung Ihrer Erfahrungen im praktischen Alltag, sodass Sie weniger niederdrückende Schwierigkeiten haben.

Chicory

(Wegwarte – Cichorium intybus)

Chicory hilft Ihnen, wenn Sie Ihre Aufgabe darin sehen, andere Menschen zu bemuttern, wenn Sie dabei zu viel des Guten tun und wenn Sie zu sehr gebraucht werden möchten. Andere Menschen fühlen sich dadurch manchmal geradezu überwältigt und eingeengt und wehren sich dann dagegen. Dadurch fühlen wiederum Sie sich von ihnen abgelehnt und verletzt.

Die Tropfen entspannen und geben Ihnen in stärkerem Maße innere Sicherheit. Sie helfen Ihnen, den anderen Menschen loszulassen und Rat und Hilfe zu geben, ohne etwas dafür zu erwarten.

Clematis

(Weiße Waldrebe – Clematis vitalba)

Clematis-Menschen sind oft kreativ und künstlerisch veranlagt; sie beschäftigen sich gern in ihrer Phantasie mit zukünftigen Projekten und leben in ihrer eigenen Welt.

Dadurch sind sie an der Gegenwart vielfach weniger interessiert, das lässt sie unkonzentriert und teilnahmslos erscheinen.

Die Tropfen wirken in Richtung auf mehr Realitätsbezogenheit und größere Präsenz.

Außerdem können sie Ihnen auch nützlich sein bei Schwindelgefühlen, Bewusstseinsstörungen oder wenn Sie ein Gefühl des »Nicht-ganz-da-Seins« haben.

Crab Apple

(Holzapfel – Malus pumila)

Crab Apple hat eine reinigende Wirkung bei Gefühlen von Unreinheit, z.B. durch Berührung mit Schmutz, Krankheit, Umweltgiften. Der Mensch hat dann oft ein zwanghaftes Bedürfnis, sich von der Beschmutzung zu befreien. Solche Menschen sind sehr reinlichkeitsbewusst. Ihre Wohnung, Kleidung und alles, was sie benutzen, muss absolut sauber sein. Das Gefühl der Unreinheit kann sich schließlich auch auf den eigenen Körper und seine Funktionen erstrecken oder auf die seelischen Zustände einer Person. Dann kann der Mensch sich selbst nicht leiden.

Die Tropfen bewirken, dass man sich körperlich und seelisch sauber und in Ordnung fühlt.

Elm

(Ulme – Ulmus procera)

Elm ist hilfreich, wenn Sie sich überfordert und von Stress und Verantwortlichkeiten überwältigt fühlen, obwohl Sie eigentlich durchaus ein fähiger und kompetenter Mensch sind.

Die Tropfen wirken beruhigend und helfen Ihnen, Ihre Situation klar zu erfassen und Ihr Selbstvertrauen wiederzugewinnen.

Gentian

(Enzian – Gentiana amarella)

Gentian hilft Ihnen, wenn Sie entmutigt und verzagt sind, weil Ihnen etwas missglückt ist, und wenn Sie von Zweifeln geplagt werden und Sie Ihr Selbstvertrauen verloren haben.

Die Tropfen heben die Stimmung und geben Ihnen Mut für einen neuen Anfang. Sie zerstreuen vor allem negative Gedanken und fördern konstruktive Pläne und eine unerschütterliche Zuversicht.

Gorse

(Stechginster – Ulex europaeus)

Gorse ist hilfreich bei Resignation, totaler Hoffnungslosigkeit und Verzweiflung, auch wenn der Mensch so entmutigt ist, dass er keine weiteren Versuche zur Lösung der Probleme mehr unternimmt und beispielsweise bei Krankheit nicht an eine Genesung glaubt.

Die Tropfen helfen dem Menschen aus seiner Verzweiflung und geben ihm neue Hoffnung. Er findet wieder Sinn in seinem Leben und sieht neue Möglichkeiten.

Gorse

Heather

(Heidekraut – Calluna vulgaris)

Heather ist hilfreich für Menschen, die andere als Zuhörer brauchen. Sie sind sehr kontaktfreudig und erzählen gern von sich. Oft lassen sie in ihrem Eifer andere gar nicht zu Worte kommen und werden deswegen gemieden.

Die Tropfen helfen dem Menschen, sich weniger mit sich selbst und mehr mit anderen zu befassen. Dadurch gewinnt der Betroffene mehr Verständnis für seine Umgebung und für umfassendere soziale, wirtschaftliche, philosphische oder politische Fragen.

Holly

(Stechpalme – Ilex aquifolium)

Holly ist hilfreich, wenn man sich als Mensch zweiter Klasse fühlt und darum Neid, Eifersucht, Hass, Misstrauen oder Rachegefühle empfindet.

Manchmal werden diese Gefühle unterdrückt, sie können sich aber auch in Gefühlsausbrüchen äußern.

Die Tropfen helfen dem Menschen, sich selbst mehr zu achten. Sie lernen, mit sich und anderen liebevoller umzugehen, Ihre eigenen Projektionen zu erkennen und mehr Verständnis zu entwickeln.

Honeysuckle

(Geißblatt – Lonicera caprifolium)

Honeysuckle hilft, wenn Sie innerlich in der Vergangenheit leben, Heimweh haben oder sich mit vergangenen Fehlern oder verpassten Chancen beschäftigen. Oft ist das Interesse an der Gegenwart dadurch herabgemindert.

Die Tropfen helfen Ihnen z. B. beim Verlust eines lieben Menschen, die Erinnerungen ins Positive zu wenden. Sie helfen Ihnen auch, den Blick mehr auf die Gegenwart zu richten und Ihr eigenes Leben fortzuführen.

Hornbeam

(Weißbuche – Carpinus betulus)

Hornbeam ist hilfreich, wenn Sie sich überfordert fühlen und dem, was vor Ihnen liegt, einfach nicht ins Auge blicken können. Dabei handelt es sich weniger um Überarbeitung oder Erschöpfung, sondern mehr um Antriebs- und Konzentrationsschwäche.

Die Tropfen geben Ihnen wieder den Anstoß, Ihre Aufgaben anzupacken; sie verhelfen Ihnen außerdem zu innerer Lebendigkeit und geistiger Frische.

Impatiens

(Drüsentragendes Springkraut – Impatiens glandulifera)

Impatiens hilft den Menschen, die schnell denken und handeln, bei innerer Spannung und Ungeduld. Sie können schlecht warten, sind ruhelos und immer in Eile.

Die Tropfen bewirken, dass diese Menschen ein eher normales Tempo finden, sich Zeit nehmen und sich und vor allem andere nicht so unter Druck setzen.

Larch

(Lärche – Larix decidua)

Larch hilft Ihnen bei fehlendem Selbstvertrauen, Unterlegenheitsgefühlen, Mutlosigkeit und Versagensangst. Obwohl Sie in Ihrem Bereich fähig und kompetent sind, lassen Sie anderen den Vortritt.

Die Tropfen geben Ihnen mehr Selbstvertrauen und eine realistische Selbsteinschätzung, sodass Sie bereit sind, mutig die gestellten Aufgaben in Angriff zu nehmen.

Mimulus

(Gefleckte Gauklerblume – Mimulus guttatus)

Mimulus hilft bei Furcht vor bekannten Dingen oder Ereignissen, wie z.B. Krankheit, Einsamkeit, Unfällen o.ä., ebenso bei Schreckhaftigkeit, Überempfindlichkeit, Nervosität und Schüchternheit.

Die Tropfen befähigen Sie, bedrohlich erscheinenden Menschen oder Ereignissen ins Auge zu sehen. Dabei merken Sie dann, dass diese gar nicht so schrecklich sind.

Mustard

(Ackersenf – Sinapis arvensis)

Mustard ist hilfreich bei Melancholie, Depression und Weltschmerz ohne erkennbare Ursachen. Diese Stimmungen kommen und gehen ohne äußeren Anlass und obwohl es dem betroffenen Menschen anscheinend gut geht.

Die Tropfen verscheuchen die dunklen Wolken und bewirken mehr Heiterkeit für das Gemüt, mehr Tatkraft und Lebensfreude.

Oak

(Eiche – Quercus robur)

Oak ist für Kämpfernaturen, die auch unter widrigen Verhältnissen und trotz Erschöpfung nicht aufgeben. Dadurch kommt es manchmal zu Überarbeitung aus Pflichtbewusstsein, zu einem Dauer-Leistungsstress und schließlich sogar zu einem Zusammenbruch.

Die Tropfen helfen diesen Menschen, neue Kraftreserven aufzubauen und durch gesunde Einteilung der körperlichen und seelischen Kräfte mehr Ausdauer zu gewinnen.

Olive

(Olive – Olea europoea)

Olive ist hilfreich bei totaler Verausgabung, extremer Erschöpfung von Körper und Geist und daraus folgender Interesselosigkeit und Unfähigkeit weiterzumachen.

Die Tropfen wirken wieder belebend und erneuern die Kräfte, auch nach einer Krankheit oder vor einem Examen.

Pine

(Schottische Kiefer – Pinus sylvestris)

Pine hilft Ihnen bei schlechtem Gewissen, Schuldgefühlen und Selbstvorwürfen, vor allem wenn Sie sich für die Fehler anderer verantwortlich fühlen und meinen, sich ständig entschuldigen zu müssen.

Die Tropfen bewirken die Entwicklung eines stärkeren Selbstwertgefühls und verhelfen zu einer wirklichkeitsnäheren Behandlung von Schuldfragen.

Red Chestnut

(Rote Kastanie – Aesculus carnea)

Die rotblühende Kastanie ist hilfreich bei starken Sorgen und Ängsten um nahe stehende Menschen. Ihre Angst, dass den Kindern oder dem Partner etwas zustoßen könnte, ist oft übertrieben, aber Sie beeinflussen dadurch auch die betroffenen Familienmitglieder.

Die Tropfen entspannen und helfen, die Wahrscheinlichkeit eines Unglücks realistischer zu beurteilen. Dadurch wird eine angemessene Fürsorge und Nächstenliebe möglich.

Red Chestnut

Rock Rose

(Gelbes Sonnenröschen – Helianthemum nummularium)

Rock Rose ist das Mittel bei Entsetzen, Verzweiflung, akuten Angstzuständen, Panikgefühlen und auch Alpträumen.

Die Tropfen verhelfen verängstigten Menschen zu innerer Belastbarkeit, Mut, Standhaftigkeit und innerer Stärke.

Rock Water

(Quellwasser)

Rock Water hilft Menschen, die sich selbst sehr hohe Maßstäbe setzen bei Unnachgiebigkeit, übertriebener Selbstkontrolle und Perfektionismus. Wenn sie hohe Leistungen von anderen erwarten, versuchen sie, ein vorbildliches Beispiel zu geben, anstatt andere zu kritisieren.

Sie gönnen sich selbst nichts. Das führt zu inneren Spannungen und macht sie unglücklich.

Die Tropfen bewirken, dass solche Menschen mehr Zugeständnisse machen, anpassungsfähiger werden und mehr innere Freiheit gewinnen.

Scleranthus

(Einjähriger Knäuel – Scleranthus annuus)

Scleranthus hilft Menschen, die sich nicht zwischen mehreren Möglichkeiten entscheiden können, die hin und her schwanken und zögern. Auch bei Unausgeglichenheit, Meinungs- und Stimmungsschwankungen kann Scleranthus einen Ausgleich herbeiführen.

Die Tropfen bewirken, dass diese Menschen die vorhandenen Wahlmöglichkeiten und ihre eigenen Bedürfnisse klarer sehen und mehr Konzentration und Entschlossenheit aufbringen.

Star of Bethlehem

(Goldiger Milchstern – Ornithogalum umbellatum)

Star of Bethlehem ist das Mittel bei schweren körperlichen und seelischen Erschütterungen, bei Schock und Schockfolgen wie Schmerz, Niedergeschlagenheit, Nervosität oder Benommenheit.

Die Tropfen wirken in Richtung auf Entspannung, Verarbeitung des Schocks und Neuorientierung, auch wenn das Schockerlebnis schon Jahre zurückliegt.

Sweet Chestnut

(Edelkastanie – Castanea sativa)

Sweet Chestnut ist hilfreich bei tiefster Verzweiflung, Hilflosigkeit, Ausweglosigkeit und Erschöpfung. Die Betroffenen können sich so elend fühlen, dass sie sterben möchten.

Die Tropfen wirken in Richtung auf Entspannung, mindern die Verzweiflung und geben neue Hoffnung und neuen Lebensmut.

Vervain

(Eisenkraut – Verbena officinalis)

Vervain ist hilfreich, wenn Sie starke Prinzipien und Ideale haben und diese auch zum Ausdruck bringen, oder wenn eine Situation nicht Ihren Vorstellungen entspricht. Sie setzen sich oft für Kinder und Randgruppen ein, kämpfen für die Umwelt und gegen die Armut. Dabei kann es zu Stress, Übereifer und Reizbarkeit kommen.

Die Tropfen verhelfen Ihnen zur Entspannung und zum Finden weniger anstrengender Methoden.

Vine

(Weinrebe – Vitis vinifera)

Vine ist hilfreich für Menschen mit großer Selbstsicherheit, mit Ehrgeiz und starkem Durchsetzungsstreben. Es handelt sich hier um Führerpersönlichkeiten, die genau wissen, was sie wollen und sich nicht hineinreden lassen.

Durch die Tropfen werden die positiven Führungsqualitäten nicht geschwächt. Die Härte gegenüber anderen wird jedoch gemildert und das Verständnis für andere gefördert.

Walnut

(Walnuss – Juglans regia)

Walnut unterstützt Sie bei Veränderungen, wenn Sie verunsichert und empfindlich sind oder Angst vor dem Neuen haben, z. B. bei Umzug, Heirat, Schwangerschaft, auch in der Pubertät oder beim Zahnen von Kleinkindern.

Die Tropfen wirken in Richtung auf eine Befreiung von den Fesseln der Vergangenheit und helfen Ihnen, zielstrebig Ihren eigenen Weg zu gehen.

Water Violet

(Sumpfwasserfeder – Hottonia palustris)

Water Violet ist für Menschen, die aufrecht und stolz sind, selbstsicher und zurückhaltend. Auch Kummer und Krankheiten tragen diese Persönlichkeiten allein. Andere Menschen finden sie deshalb manchmal unnahbar oder überheblich.

Die Tropfen öffnen die Schranken und helfen diesen Menschen, anderen mit mehr Freundlichkeit entgegenzukommen.

White Chestnut

(Rosskastanie – Aesculus hippocastanum)

White Chestnut ist hilfreich bei quälenden inneren Dialogen, dem »Gedankenkarussell«, und dadurch hervorgerufener Unausgeglichenheit, Vergesslichkeit und Konzentrationsschwäche.

Die Tropfen wirken in Richtung auf geistige Ruhe, Klarheit und inneren Frieden.

Wild Oat

(Waldtrespe – Bromus ramosus)

Wild Oat hilft Ihnen, wenn Sie normalerweise entschlossen vorgehen, nun aber an einem Wendepunkt Ihres Lebens stehen, orientierungslos sind und nicht recht wissen, welche Richtung Sie jetzt einschlagen sollen.

Die Tropfen bewirken, dass Sie die tatsächlich vorhandenen Möglichkeiten in Ihrem Leben klarer sehen und in Richtung auf die volle Entfaltung der eigenen Fähigkeiten voranschreiten können.

Wild Rose

(Heckenrose – Rosa canina)

Wild Rose ist für Menschen hilfreich, die ohne Ehrgeiz sind, die müde, motivationslos, kraftlos und apathisch sind. Sie wollen keine Veränderungen in ihrem Leben, aber auch keine Anstrengungen.

Die Tropfen wirken in Richtung auf mehr Motivation, Wandlungsfähigkeit und Interesse.

Willow

(Weide – Salix vitellina)

Willow hilft Menschen, die verbittert und enttäuscht sind, weil sie im Leben schlechter vorangekommen sind. Sie sehen wenig Erfreuliches und können nicht vergeben und vergessen. Oft machen sie andere für ihr Unglück verantwortlich.

Die Tropfen holen den Menschen aus dieser negativen Haltung heraus, verhelfen ihm zu mehr Optimismus und wirken in Richtung auf konstruktive Selbstverantwortung.

Ein besonderes Hilfsmittel sind die **Notfall-Tropfen (Rescue Remedy)**. Hier hat Dr. Bach die fünf wirkungskräftigsten Blüten in einer speziellen Essenz vereint.

Diese Tropfen können als »Erste Hilfe« eingenommen oder (unverdünnt oder verdünnt) auf Verletzungen wie Verbrennungen, Prellungen und Verstauchungen aufgetragen werden. Sie wirken entspannend und regulierend auf den gesamten Körper und sind auch in Stresssituationen zu empfehlen, wie z. B. im Examen.

Die Notfall-Tropfen sind eine Kombination von

- Star of Bethlehem (der »Schockblüte«),
- Rock Rose (der »Panikblüte«),
- Impatiens (der »Stressblüte«),
- Cherry Plum (gegen Kurzschlusshandlungen),
- Clematis (der »Realitätsblüte«).

Für Hautwunden, Prellungen und Quetschungen gibt es außerdem noch eine **Rescue-Salbe**.

Der heilende Impuls

Die Wirkung der Bach-Blüten setzt am elektromagnetischen Schwingungsfeld des Menschen an. Jeder Mensch, jedes Tier, jede Pflanze und jeder Gegenstand ist von einem elektromagnetischen Schwingungsfeld durchdrungen und umgeben. Diese Schwingungsfelder kann man inzwischen messen und sichtbar machen, z. B. durch die Kirlian-Fotografie. Die Schwingungsfelder einzelner Menschen unterscheiden sich ebenso wie ihre Gesichtszüge oder ihre Kleidung. Das, was wir von diesen Schwingungen wahrnehmen, nennen wir die Ausstrahlung des Menschen. Sie kann kraftvoll sein und lebendig oder schwach und müde, beruhigend, zerrissen, heil, dicht oder dünn usw.

Erlebnisse, Sorgen, Gedanken und Gefühle, die uns aus dem Gleichgewicht bringen, bringen auch das Schwingungsfeld aus dem Gleichgewicht; es entstehen Spannungen und

Schwingungsgegensätze. Das wirkt sich auf die Körperzellen im Bereich dieser Spannungen aus. Oft haben wir z. B. »Bauchschmerzen«, wenn uns eine schwierige Begegnung bevorsteht. Oder wir kennen Unruhe im Magen, in den Därmen sowie psychisch bedingte Kopfschmerzen. Wenn Spannungen im Schwingungsfeld monate- oder jahrelang anhalten, kann das schließlich zu Krankheiten führen.

Elektromagnetische Schwingungen dienen in unserem Körper als Informationsübermittler. Sie ermöglichen die Kommunikation zwischen allen Körperzellen mit Lichtgeschwindigkeit und jede »weiß« von der anderen, was sich dort gerade abspielt. Als Informationsübermittler sorgen die Schwingungen dafür, dass überall im Körper zur rechten Zeit die richtigen Prozesse ablaufen.

Krankheiten entstehen u. a., wenn an einer bestimmten Körperstelle die elektromagnetischen Körperschwingungen von ihrem normalen Muster abweichen und so ein Spannungsungleichgewicht schaffen. Um die Krankheit zu heilen, muss man dem Körper einen Impuls geben, der die Schwingungen ändert, die Schwingungsgegensätze ausgleicht und fehlende Schwingungsfrequenzen einbringt. Genau dies geschieht durch die Bach-Blüten.

Bach-Blüten gleichen Schwingungsgegensätze aus.

Dr. Bach konnte die elektromagnetischen Schwingungen von Personen und Pflanzen wahrnehmen – was übrigens jeder lernen kann – und spürte, welche Blüte eine Schwingung enthielt, die einem bestimmten kranken Menschen fehlte. Er bereitete eine Essenz aus dieser Blüte und gab sie verdünnt dem Kranken. Dadurch wurden in diesem Menschen die fehlenden Schwingungen erzeugt; der Körper machte sie sich zu Eigen und wurde gesund. Die entsprechende Blütenessenz kann also das ursprüngliche gesunde Schwingungsmuster wiederherstellen. Was durch die Blütenessenz in den Körper übertragen wird, ist nicht die Blütensubstanz, der in der Blüte enthaltene »Stoff«, sondern das elektromagnetische Schwingungsmuster der Blüte.

Bach-Blüten haben keine Nebenwirkungen.

Da bei der Bach-Blütentherapie keinerlei materielle Substanzen in den Körper des Menschen gelangen, kann es auch keinerlei unerwünschte Nebenwirkungen geben.

Genau dieselbe Wirkung haben Bach-Blüten auch, wenn man sie bei Tieren oder Pflanzen anwendet.

Beispiel

Aus einem Protokoll:

»Vor einem schwierigen Telefonat, das ich führen musste und in dem es um Trennung oder Neuanfang ging, hatte ich Angst und war sehr unruhig. Ich habe 4 Tropfen Mimulus in ein Glas Wasser getan. Davon habe ich alle 10 Minuten einen Schluck getrunken (insgesamt dreimal). Bereits nach der ersten Einnahme breitete sich vom Magen her Wärme aus. Angst und Nervosität verschwanden und ich konnte das Telefonat ruhig und sicher führen.«

Die Wirkung der Bach-Blüten

Während wir bisher unseren Charakter als eine Gabe des Schicksals hingenommen haben, an der sich nicht viel ändern ließ, sind wir jetzt durch das Geschenk der Bach-Blüten in der Lage, uns von unerwünschten Eigenschaften zu befreien und z. B. anstelle von Unruhe Gelassenheit zu setzen, anstelle von Rechthaberei Großzügigkeit, oder ein starkes Selbstvertrauen an die Stelle von Minderwertigkeitsgefühlen. Wir verändern also mit Hilfe der Bach-Blüten unsere Persönlichkeit nach unseren Wünschen und werden so zu einem glücklicheren und erfüllteren Menschen.

Blüten aus anderen Ländern

Inzwischen haben Mediziner und andere interessierte Wissenschaftler an vielen Orten der Erde die Wirkungsweise der Blüten erforscht und aus den unterschiedlichen, dort wachsenden Pflanzen Blütenessenzen hergestellt und erprobt.

Oft handelt es sich dabei um Pflanzen, deren heilkräftige Wirkung in den jeweiligen Ländern seit Urvätertagen bekannt und überliefert ist. So gibt es z.B. afrikanische Blütenessenzen, australische Busch-Blütenessenzen, andere aus Neuseeland, aus dem Himalaya, Alaska, Kalifornien, Kanada, Hawaii und aus dem Amazonas-Urwald.

Listen dieser Blütenessenzen finden Sie unter anderem in dem Buch »Die Enzyklopädie der Blütenessenzen« von A. Cochrane und C. Harvey, siehe Literaturverzeichnis im Anhang des Buches.

Da die in der Enzyklopädie aufgeführten Blütenessenzen nicht überall in Deutschland erhältlich sind, weisen wir im Behandlungsteil lediglich auf die kalifornischen Blüten hin. Die Bezugsquellen werden in Deutschland, Österreich und in der Schweiz ebenfalls im Anhang am Schluss des Buches genannt.

Blüten vor unserer Haustür

Vielleicht haben Sie in der obigen Aufzählung deutsche Bach-Blüten vermisst: Nachfolgend wird ausführlich gezeigt, wie Sie aus Pflanzen, die in der Umgebung Ihres Wohnortes wachsen, selbst Blütenessenzen herstellen können.

Dabei handelt es sich um bekannte Feld-, Wald- und Wiesenkräuter, wie z. B. Brennnessel, Löwenzahn, Kamille, Holunder, Heidekraut, Butterblume usw.

Die Blüten suchen

Jede Pflanze trägt eine ihr eigene Schwingung in sich. Welche davon in unserer Situation die richtige ist, hängt von unserem Problem oder unserer Erkrankung ab.

Wir müssen also zunächst formulieren, was wir von der zu suchenden Blüte erwarten, z. B. »Minderung meiner Ungeduld« oder »Heilung meines Rheumatismus im Oberschenkel«. Danach stellen wir uns darauf ein, diejenige Blütenenergie zu finden, die zur Lösung unseres Problems oder unserer Störung beitragen kann.

Wir gehen mit offenen Sinnen hinaus in die Natur, sehen uns unter den Pflanzen um. Wir können unsere linke Hand an die Blüten halten, um ihre Schwingungen besser aufzunehmen. Irgendwann begegnen wir dann einer Pflanze, bei der wir spüren und wissen: Diese Pflanze hat mir etwas zu sagen!

Wir können aber auch in beschwerdefreien Zeiten ohne besonderen Anlass Pflanzen suchen, die gerade blühen und uns »ansprechen«, und daraus auf Vorrat Essenzen herstellen.

So manches »Unkraut« kann heilen.

Möglichkeiten dazu gibt es überall: im Garten, auf Wiesen und an Wegrändern, im Urlaub oder bei einem Wochenendausflug.

Nachdem wir *unsere* Blüten auf die eine oder andere Art entdeckt haben, können wir versuchen deren Informationen genauer zu erspüren. Wir fassen eine oder mehrere Blüten mit der linken Hand an und nehmen ihre Schwingungen in uns auf. Dabei erfühlen wir, was ihre besondere Eigenheit ist und welches Problem die Blüte heilt.

Was soll *meine* Blüte können?

Das geschieht über Körperempfindungen, es können aber auch Gefühle, Gedanken und Bilder, Erinnerungen oder Vorstellungen in uns auftauchen. Diese Eindrücke notieren wir und probieren bei der nächsten Gelegenheit aus, ob die tatsächliche Wirkung auch diesen ersten Eindrücken entspricht.

Blütenessenzen selbst herstellen

Wir wollen die elektromagnetischen Schwingungen der Blüte nutzen. Diese Schwingungen enthalten Informationen, die die Blüte an den menschlichen Körper weitergeben kann. Das geschieht am besten durch eine Essenz der Blüte.

Zunächst müssen wir die Blüten pflücken. Das tun wir grundsätzlich am Vormittag, bevor sie zu welken beginnen. Dazu nehmen wir ein verschließbares Einmachglas, Handschuhe und eine Flasche mit Quell- oder Mineralwasser. Wenn wir eine passende Pflanze gefunden haben, schneiden wir einige Blüten ab, und zwar die kräftigsten und am besten ausgebildeten.

Das Wasser übernimmt die Schwingungen.

Wir berühren die Blüten nicht, um nicht durch unsere persönliche Schwingung das Schwingungsfeld der Blüten zu verändern, denn ihre Heilkraft wirkt umso besser, je reiner ihre feinstoffliche Schwingung ist. Wir tragen also nach Möglichkeit Handschuhe und schneiden die Blüten so ab, dass sie ohne Berührung direkt in das Einmachglas fallen.

Danach füllen wir das Gefäß mit Wasser auf, am besten mit Quell- oder Brunnenwasser, da dieses relativ unbehandelt und naturbelassen ist. Wir können auch Leitungswasser verwenden, wenn es nicht zu stark chemisch behandelt ist. Sonst nehmen wir Mineralwasser *ohne* Kohlensäure, also am besten ein »Stilles Wasser«, das aus einer Heilquelle gewonnen wurde und keine weiteren Zusätze enthält.

Die Sonnenmethode

Nun gehen oder fahren wir möglichst schnell nach Hause und füllen das Wasser mit den Blüten in eine offene Glasschale um. Diese stellen wir 3–4 Stunden lang in die Sonne ans Fenster, auf den Balkon oder in den Garten: am besten in die Mittagssonne – denn je intensiver die Sonne scheint, umso stärker wird der Auszug. Wir nehmen eine Glasschale, damit möglichst viel Sonnenlicht die Blüten erreicht.

Noch wirksamer wird die Essenz, wenn wir das Blütenwasser gleich am Fundort von der Sonne bescheinen lassen. Dort wirkt das Schwingungsfeld des Pflanzen-Standortes mit und verstärkt die Botschaft der Essenz.

Nach 3–4 Stunden haben sich die elektromagnetischen Schwingungen der Blüten mit ihren Informationsmustern in der Trägersubstanz Wasser ausgebreitet. Nun filtern wir das Blütenwasser. Wir nehmen dazu einen normalen Kaffeefilter und achten darauf, dass wir auch jetzt die Essenz nicht mit bloßen Händen berühren, damit ihre Eigenschwingung erhalten bleibt.

Das abgefilterte Wasser füllen wir in eine Glasflasche. Jetzt haben wir eine Vorratsflasche mit der selbstgewählten Blütenessenz, die über mehrere Jahre ihre Heilkraft behält. Wir kleben ein Etikett mit dem Namen der Blüte darauf. Wenn die Essenz länger als eine Woche haltbar sein soll, fügen wir 15% Alkohol (Korn oder Weinbrand) oder Obstessig hinzu. Die hier beschriebene Art, Blütenessenzen zuzubereiten, nennen wir die Sonnenmethode.

Die Kochmethode

Die Kochmethode können wir im Winter und Frühjahr bis Anfang Mai anwenden, außerdem im Sommer, wenn die Sonne nicht scheint. In diesen Zeiten reicht die Kraft der Sonne nicht aus, um die elektromagnetischen Schwingungen aus der Blüte in das Wasser zu übertragen. Mit der Kochmethode gewinnen wir diejenige Blütenkraft, die in früh-blühenden Pflanzen, wie z.B. Krokussen, Weiden oder Hamamelis steckt oder in Blüten, die während einer sonnenarmen Periode gepflückt wurden.

Hierzu schneiden wir die Blüten an ihrem Fundort in einen Email- oder Edelstahltopf. Dabei bleiben die Blüten am Stiel, d.h. wir schneiden die Stiele mit den Blüten ab.

Den Topf schließen wir mit einem Deckel und bringen alles gleich nach Hause.

Dort füllen wir den Topf mit Wasser, sodass die Blütenstiele bedeckt sind, und lassen dann das Ganze 30 Minuten lang ohne Deckel auf dem Herd sieden.

Wenn die Blüten nach oben aus dem Wasser kommen, drücken wir sie mit einem überzähligen Blütenstiel wieder hinunter.

Nach 30 Minuten ist der Blütenauszug fertig. Wir nehmen den Topf vom Herd, setzen den Deckel wieder darauf und lassen die Essenz abkühlen. Danach filtern wir sie und versetzen sie mit Alkohol, wie es bei der »Sonnenmethode« bereits beschrieben wurde.

Wenn nicht die gesamte Flüssigkeit in unser Fläschchen geht, können wir den Rest getrost wegschütten, denn auch der Inhalt des Fläschchens reicht schon länger als ein Jahr.

Sauberkeit gewährleistet beste Wirkungen.

Die Wirksamkeit der Essenz bleibt erhalten, wenn wir alle Werkzeuge für die Herstellung von Blütenessenzen nur noch für diesen Zweck verwenden und nach Gebrauch sorgfältig mit kochendem Wasser abspülen, damit Verunreinigungen nicht die Information der nächsten Blütenessenz verfälschen.

Hier folgen noch einige Beispiele von einheimischen Blütenessenzen (siehe Kasten unten):

Brennnessel – die Optimismusblüte

Die Brennessel hilft, wenn einem der Alltag grau und beschwerlich vorkommt oder wenn man Leiden der Vergangenheit nicht vergessen kann und keine Lebensfreude mehr kennt. Die Brennnessel-Essenz lässt die Welt wieder heller erscheinen, weckt Begeisterungsfähigkeit und Optimismus.

Holunder – die Blüte der Ehrlichkeit

Holunder hilft, wenn man in der Klemme steckt, einer Situation nicht ausweichen kann. Sie bewirkt, dass wir die Situation annehmen, offen und ehrlich sind, uns auf das Wesentliche besinnen und das Unwesentliche nicht mehr so wichtig nehmen.

Ringelblume – die Angstlöserin

(botanisch *Calendula officinalis)*

Die Ringelblume heilt innere Wunden und nimmt uns die Angst, wenn wir uns z.B. unsicher fühlen, zurückgewiesen werden und dadurch verkrampfen. Sie heilt auch die körperlichen Erscheinungsformen solcher Ängste wie Allergien, Asthma, Nervosität, Frigidität und Impotenz. Sie wirkt entspannend, gibt Lebenskraft und innere Stabilität.

Die mentale Unterstützung

Die Bach-Blüten wirken bei dem einen Menschen stärker, beim anderen schwächer, d.h. die Schwingungen der Blüten kommen beim einen besser an und beim andern schlechter. Woran liegt das?

Es gibt hauptsächlich zwei Gründe:

1. Hartnäckige **Blockierungen** können die Wirkung der Bach-Blüten und das Wiedereinpendeln des gesunden Schwingungsmusters an der erkrankten Körperstelle verhindern. Als Blockierung bezeichnen wir in der Körpertherapie eine Sperre, die einkommende Informationen von dem Krankheitsherd abblockt, anders ausgedrückt: eine nicht-leitende Stelle.

Solche Blockierungen kann man durch Geistige Integration auflösen. Diese Technik wird anschließend ausführlich erklärt.

2. **Falscher Input** kann ein Grund für mangelnde Wirkung der Bach-Blüten sein: Wenn der Mensch immer wieder von neuem störende, verfälschende Schwingungen in sein Körperenergiefeld einspeist, wie z.B. negative Gedanken, so stärkt er dadurch das schädigende Schwingungsmuster, anstatt es aufzulösen.

Um Heilung zu erzielen, muss er also den Input ändern und beeinträchtigende Gedanken, Erinnerungen und Gefühle durch förderliche ersetzen. Das lässt sich mit den nachfolgend beschriebenen Techniken relativ einfach erreichen.

Blockierungen lösen

1. Wir suchen die Blockierung

Jede körperliche oder seelische Störung kann durch Lösen von Blockierungen reduziert werden. Der erste Schritt dazu ist das Orten der Blockierung. Haben wir z.B. Husten oder Durchfall, so fragen wir uns: »Wo fühle ich die Beschwerden?« Wir spüren nacheinander in alle Körperteile hinein, die irgendwie mit den Beschwerden zu tun haben. Haben wir den Sitz des Übels lokalisiert, so fragen wir weiter: »Wo ist das Zentrum der Beschwerden? Von wo scheint das Übel auszugehen?« Wenn wir diesen Ort gefunden haben, versuchen wir, ihn noch stärker einzugrenzen und auf einen Punkt zu bringen. Wir sagen nicht »Im Arm sitzt die Blockierung«, sondern fragen: »Wo im Arm? Ist es im Unterarm, im Oberarm, im Ellbogengelenk, im Handgelenk?«

Blockierungen kann man auflösen.

Genauso gehen wir vor bei Kummer, Angst, Wut oder Scham. Auch diese seelischen Verstimmungen spüren wir im Körper. Ihr Zentrum kann zu verschiedenen Zeiten und bei verschiedenen Menschen an ganz unterschiedlichen Stellen sitzen.

2. Wir sprechen die Blockierung an

Wir schauen mit unserem inneren Auge diese Stelle an oder spüren auch dorthin: Wie groß ist die Blockierung ungefähr? Welche Form hat sie? Wie fühlt sie sich an im Unterschied zu ihrer Umgebung? Vielleicht dumpfer, taub, starr, unbeweglich, oder ziehend und gereizt?

»Unser inneres Auge benutzen« heißt nicht, dass wir uns etwas vorstellen sollen. Das wäre ein willentliches Abrufen von Erinnerungen und Gedächtnisinhalten, die uns nur stören würden.

Vielmehr schalten wir alle Vorstellungen aus, während wir die Augen schließen, sodass wir gewissermaßen einen leeren Bildschirm vor uns haben. Dann konzentrieren wir uns auf die Stelle, wo die Blockierung sitzt und warten ab, was sich zeigt. Wahrscheinlich entsteht zunächst ein undeutlicher Gesamteindruck, bei dem wir nichts Genaues erkennen. Wenn wir Geduld haben und uns darauf einlassen, wird der Eindruck mit der Zeit etwas mehr Struktur gewinnen: Manchmal erscheint die Blockierung dunkler als das umgebende Schwingungsfeld, manchmal heller oder in einer anderen Farbe. Sie kann punktförmig sein, länglich, kugelig, flach, mit oder ohne klare Konturen etc. Beim ersten Mal erhalten wir vielleicht kein sehr klares »Bild« der Blockierung. Je öfter wir diese Übung jedoch durchführen, umso besser werden wir die Blockierung »sehen« können.

Wenn das bei Ihnen gar nicht klappt, dann sind Sie vielleicht ein Mensch, der weniger visuell mit seiner Umwelt Kontakt aufnimmt als durch Spüren. Dann benutzen Sie Ihre Fähigkeit und spüren Sie zu der Blockierung hin.

3. Wir bleiben aufmerksam

Wir bleiben nun mit unserer Aufmerksamkeit bei der Blockierung und behalten sie im Auge, bzw. wir spüren stetig dorthin. Das ist im Anfang schwer und wir werden immer wieder durch auftauchende Gefühle, Bilder oder Gedanken abgelenkt. Wenn wir das merken, kehren wir einfach mit unserer Aufmerksamkeit zurück zu der blockierten Stelle.

Früher oder später bemerken wir, dass sich unser Bild oder Gefühl von der Blockierung verändert, und zwar von sich aus, nicht gewollt oder absichtlich herbeigeführt. Es kann seine Form, Größe, Farbe oder Konsistenz verändern. Es kann seine Lage im Körper verändern, sozusagen »wandern«, es kann größer oder kleiner werden, härter oder schwammiger, runder oder eckiger usw. In jedem Falle bleiben wir aufmerksam bei allem, was geschieht.

4. Wir erleben die Auflösung

Man kann die Auflösung nicht erzwingen, sondern muss sie geduldig abwarten. Irgendwann merken wir, dass die beobachtete Form ihre Umrisse allmählich auflöst und verschwindet. Dieser Prozess ist häufig von einem Gefühl der Wärme in dem betreffenden Körperbereich begleitet, manchmal auch von einem Gefühl der Befreiung, der Weite, der Leichtigkeit oder der Entspannung. Es tut sich innen ein Raum auf, der vorher nicht dagewesen ist. Überraschende Erinnerungen und Gedanken können auftauchen.

5. Wir integrieren die neuen Schwingungen

Wir springen jetzt nicht sofort auf und gehen an unsere Arbeit, sondern bleiben noch ein wenig in dem veränderten Körpergefühl und lassen es wachsen, bis wir eine neue Harmonie in unserem Körper spüren. Dann sind die befreiten Schwingungen in unser Gesamtschwingungsfeld integriert. Die Sperre ist verschwunden und die Bach-Blüten können optimal wirken.

Wichtigste Aufgabe: Dranbleiben!

Das Schwingungsfeld wird durchlässiger.

Die Wirkung von Resonanzworten

Hindernisse und Sperren in unserem Schwingungsfeld können auch durch krank machende Gedanken immer wieder neu entstehen. Wenn wir uns z. B. ständig vorsagen, »Ach, mir geht es so schlecht!«, so wirkt das als negative Information auf unser Schwingungsfeld und eine gesund machende Information der Bach-Blüte hat es schwer, sich dagegen durchzusetzen. Gefühle und Gedanken sind elektromagnetische Impulse, die unser Schwingungsfeld verändern und dadurch körperliche Reaktionen erzeugen; negative Gedanken und Vorstellungen machen krank, posi-

Denken heißt Schwingungsmuster erzeugen.

tive Gedanken und Vorstellungen machen gesund.

Jeder von uns hat gewohnheitsmäßige Denkmuster, die sich auf seinen Körper auswirken. Negative Denkmuster erzeugen ungesunde Spannungen und schwächen dadurch das Schwingungsfeld und die Abwehrkräfte des Körpers. Indem wir uns positive Wörter oder Sätze vorsagen, können wir unsere gesunden Eigenschwingungen verstärken und Heilungsprozesse in Gang setzen.

Positive Gedanken heilen!

Welcher Gedanke hilft am besten?

Wenn wir wirklich gesund werden wollen, müssen wir also unsere Gedanken überprüfen und notfalls verändern.

Wir fragen uns zunächst, welche negativen Gedanken uns am häufigsten kommen.

Wir überlegen: Wie denke ich über die Beschwerden, gegen die ich die Blütenlösung einnehme? Vielleicht zeigen meine Gedanken Selbstmitleid: Ich bin ein armes Wesen, warum muss ich mich nun schon wieder so erkälten? Oder ich fühle Ärger: Da ist nur XY schuld, sie hat mich viel zu lange festgehalten. Oder ich mache mir Sorgen: Ich schaffe es nicht, die Arbeit rechtzeitig fertig zu kriegen, wenn ich mich so schlecht fühle.

Positive Gedanken einspeisen

Wenn wir unsere negativen Gefühle, Gedanken oder Vorstellungen gefunden haben, ersetzen wir sie durch das Gegenteil:

Ist unser ständiger Gedanke z.B. »Keiner hilft mir!«, so setzen wir an dessen Stelle »Jetzt helfe ich mir selbst!« oder »Ich schaffe es, gesund zu werden!« Diese positiven Sätze erzeugen in unserem Körper eine Resonanz von positiven Schwingungen, die sich mit den heilenden Schwingungen der Bach-Blüten verbinden können.

Die Wirkung verstärken

Wir überprüfen die Wirkung eines solchen Satzes, indem wir erspüren: Wie fühlt sich das an, wenn ich das sage? Wo fühle ich es? Gibt es vielleicht einen noch stärkeren Ausdruck? Probieren Sie das an sich selbst aus; indem Sie sich die folgenden Sätze vorsprechen, dabei in sich hineinhorchen und feststellen, welcher am stärksten wirkt:

- Ich habe bisher noch immer einen Weg gefunden.
- Ich finde einen Weg!
- Ich werde spielend damit fertig!
- Diese Arbeit mache ich doch im Schlaf!

Die positive Haltung einprogrammieren

Wenn man diese positive Schwingung oft genug in den Körper hineingibt und sie immer wieder an der gleichen Stelle spürt, setzt sie sich immer mehr durch und wird dauerhaft.

Wir dürfen nur keine negativen Gedanken und Gefühle mehr zulassen, auch wenn wir zunächst meinen, dass wir uns selbst etwas vormachen! Der Körper glaubt das, was wir ihm sagen. Wenn er auch zunächst vielleicht etwas begriffsstutzig ist, reagiert der Körper doch nach einer Weile darauf, macht sich die positive Haltung zu Eigen und wird schließlich gesund.

Der Ausbau des Schwingungsfeldes

Bisher haben wir es immer als gegeben hingenommen, dass die eine oder andere Eigenschaft bei uns nicht so stark ausgeprägt ist. Wir haben z. B. zu wenig Anpassungsfähigkeit, zu wenig Geduld, sind nicht mutig genug o. ä. Wir müssen jedoch nicht auf diese Fähigkeiten verzichten. Sie stehen uns alle zur Verfügung, wenn wir die folgende Technik benutzen.

1. Was mir fehlt

Wir formulieren, was uns in unserem Zustand fehlt. Bei chronischer Müdigkeit mangelt es uns z. B. an Tatkraft, die hätten wir gern. Bei Ärger mangelt es uns an Gleichmut usw. Wir machen uns klar, was wir anstelle unseres Mangelzustandes gern fühlen möchten, z. B. Gewandtheit, Furchtlosigkeit, Zielstrebigkeit oder Verständnis. Auch hier probieren wir das wirksamste Wort aus, genau wie bei der Resonanzwort-Technik.

Durch die Benennung und die damit verbundene Vorstellung geben wir einen Schwingungskern vor, um den herum sich das Schwingungsfeld dieser Eigenschaft organisiert. Wir können uns so die Schwingung der bisher nicht verwirklichten Fähigkeit »kommen lassen« und spüren dabei das, was uns bisher gefehlt hat, z. B. die Durchsetzungskraft, das Mitgefühl. Dadurch, dass wir diese neuen Schwingungen in uns aufnehmen, baut sich die betreffende Eigenschaft in uns auf.

Wir bauen ein neues Schwingungsfeld auf.

2. Wir legen uns in das Schwingungsfeld

Wir legen uns auf den Rücken und entspannen uns. Wir atmen tief ein und aus. Wir stellen uns auf das gewünschte Schwingungsfeld ein, z. B.

auf das Feld unserer Geduld und sagen »Das ist meine Geduld!« Wir bleiben entspannt liegen und bemerken nach kurzer Zeit leichte Schwingungsveränderungen um unseren Körper herum. Diese Veränderungen dürfen wir nicht ergrübeln, uns vorstellen oder ausdenken, sondern sie entstehen von selbst, wenn wir uns darauf einlassen.

Dann wird das herbeigewünschte Schwingungsfeld immer deutlicher spürbar. Wir bringen unseren Körper durch Hin- und Herrücken ins Zentrum dieses Schwingungsfeldes.

Das Wiederholen der Übungen verstärkt deren Wirkung.

3. Wir lassen das Schwingungsfeld wirken

Wir lassen das Schwingungsfeld wachsen, indem wir zulassen, dass es sich in uns ausbreitet und stärker wird, bis wir ganz damit verschmolzen sind. Wir bleiben noch eine Weile liegen, vertiefen in uns das neue Körpergefühl und machen es uns zu Eigen.

Wenn sich das neue Schwingungsfeld einmal stabilisiert hat, lassen wir bewusst den alten Mangelzustand los und bejahen vor allem das neue Körpergefühl. Wir sagen: »Mein Schwingungsfeld ist jetzt Tatkraft anstelle der alten Müdigkeit. Ich begrüße dich, Kraftgefühl!«

Auf diese Weise können wir uns alle möglichen wünschbaren Zustände empfindungsmäßig verdeutlichen und zu Eigen machen, z.B. unsere bisher nicht gelebte Weiblichkeit oder Männlichkeit, unser Verständnis für eine bestimmte Person. Bei Schlaflosigkeit können wir sogar den bisher nicht gehabten Schlaf herbei»zaubern«!

Um die neue Verhaltensweise ganz in uns zu verankern und zu stabilisieren, wiederholen wir diese Übung am besten mehrmals, und zwar so lange, bis wir die neuen Schwingungen (z.B. die Schwingungen der Geduld) nicht mehr herbeiwünschen müssen, weil sie bereits da sind.

Die richtige Blütenlösung

Ihr Langzeitmittel

Die Blütenessenzen sind von Dr. Bach entwickelt worden, um das seelische Befinden seiner Patienten zu harmonisieren und Mangelzustände zu beheben, wie z. B. Angst, Schüchternheit, Verschlossenheit, Neigung zu Schockreaktionen. Um das zu erreichen, muss man die jeweils notwendige Blütenlösung über längere Zeit hinweg regelmäßig einnehmen.

Beim Lesen der Blütenbeschreibungen in Kapitel 1 haben Sie sicher schon an einer oder an mehreren Stellen gedacht: »Diese Darstellung trifft auf mich zu, dieses Mittel sollte ich nehmen!« Schauen Sie jetzt diese Beschreibungen noch einmal genau an und prüfen Sie, ob die aufgeführten Beschwerden wirklich so bei Ihnen vorkommen oder ob doch eine andere Blütenbeschreibung noch zutreffender ist. Zur Erleichterung dieser Arbeit können Sie auch einen »Fragebogen zur Selbstbestimmung der richtigen Bach-Blütenessenzen-Kombination« beim *Dr. Edward Bach Centre* bestellen (siehe Adressenverzeichnis).

Wer lieber mit intuitiven Methoden arbeitet, kann auch eines der käuflichen Kartensets benutzen, wie z. B. «Das Bach-Blüten-Orakel« (siehe im Literaturverzeichnis im Anhang des Buches).

Wenn Sie nun *Ihr* Mittel gefunden haben, bestellen Sie es sich in der Apotheke und nehmen Sie es mindestens drei Wochen lang. Beobachten Sie die Veränderungen in Ihrem Wesen und notieren Sie diese in einer Checkliste wie der folgenden.

Tragen Sie in der ersten Zeile der Checkliste diejenige Krankheitserscheinung oder Verstimmung ein, die Sie beseitigen wollen, in der zweiten Zeile die dafür von Ihnen gewählte Blütenessenz. Schreiben Sie in Zeile 3 Anfangs- und Enddatum der Einnahme und in Zeile 4, was die Bach-Blüten bewirkt haben. Wenn die Veränderungen zwar wahrnehmbar, aber noch nicht stabil verankert sind, nehmen Sie das Mittel weiter, eventuell bis zu drei Monate lang. Stellen Sie nach den ersten drei Wochen gar keine Veränderungen fest, suchen Sie nach einem anderen, ähnlich wirkenden Mittel.

Halten Sie Ihre Erfahrungen schriftlich fest!

Ihre Checkliste

Beschwerde: ______________________________

Bach-Blütenessenz: ______________________________

Eingenommen von ______________ bis ______________

Wirkung: ______________________________

Die genaue Formulierung ist wichtig!

Wenn Sie mit der ersten Blütenlösung oder Blütenkombination die gewünschten Veränderungen erreicht haben, nehmen Sie sich den nächsten Charakterzug vor, an dem Sie arbeiten möchten. Suchen Sie dazu wieder, wie oben beschrieben, die passende Blütenessenz.

So können Sie mit den Bach-Blüten nach und nach Ihre Persönlichkeit an vielen Stellen in der von Ihnen gewünschten Richtung weiterentwickeln.

Ihr Mittel gegen akute Beschwerden

1. Benennen Sie Ihre Beschwerden

Wenn Sie von einer körperlichen Erkrankung oder seelischen Verstimmung beunruhigt werden, fassen Sie zunächst genau in Worte, was Sie zur Zeit belastet oder quält. Am besten notieren Sie die Probleme in Stichworten, damit Sie im Laufe der Behandlung darauf zurückgreifen und auch am Schluss vor allem die Ergebnisse mit dem Anfangsbefund vergleichen können.

Dabei kann es sich um **körperliche** Beschwerden handeln, wie z. B. Kopfschmerzen, Durchfall oder Schlaflosigkeit. Versuchen Sie auch bei einem schwer zu fassenden allgemeinen Gefühl des Unwohlseins einen Namen dafür zu finden: Ist es mehr Mattigkeit oder eher Übelkeit oder aber auch Nervosität?

Wenn es sich um **seelische** Beschwerden handelt, versuchen Sie ebenfalls, diese zu benennen: Ist es Kummer, Angst, Ärger, Enttäuschung oder ...?

Wenn Sie mehrere Beschwerden haben, sollten Sie sich zunächst damit befassen, was Ihnen am meisten zu schaffen macht.

2. Schlagen Sie nach

Suchen Sie die notierten Symptome im **Behandlungsteil** dieses Buches auf und lesen Sie dort nach, was als Behandlung vorgeschlagen wird. Der Behandlungsteil ist alphabetisch geordnet, um das Auffinden zu erleichtern.

3. Wenn Ihr Stichwort nicht im Buch steht

Finden Sie im Behandlungsteil das Gesuchte nicht, so schauen Sie im **Register** am Ende des Buches nach, ob Ihr Stichwort dort aufgeführt ist, und schlagen Sie dann die dort genannte Seite auf.

Wer Erfahrung im Umgang mit dem Pendel hat, kann die für ihn heilsame Blütenessenz auch **auspendeln**, indem er die Seiten mit der Liste der Bach-Blüten aufschlägt, das Pendel darüber hält und beobachtet, zu welchem Blütennamen hin das Pendel ausschlägt. Wer andere intuitive Methoden beherrscht, wie z.B. die Tiefenwahrnehmung, kann auch diese benutzen, um sich damit die nötigen Informationen zu beschaffen.

4. Kombination mehrerer Essenzen

Sie können bis zu fünf Blütenessenzen miteinander mischen, wenn eine Krankheit mehrere Symptome zeigt, die an verschiedenen Stellen im Nachschlageteil erörtert werden und zu denen verschiedene Blütenessenzen empfohlen werden, so z.B. Mimulus gegen Erbrechen, Agrimony gegen Schmerzen und Cherry Plum gegen Unruhe.

Sie können ebenso eine Mischung herstellen, wenn für ein Symptom, z.B. Unruhe, mehrere Bach-Blütenlösungen empfohlen werden.

Alle Bach-Blüten lassen sich miteinander mischen.

Zum Gebrauch des Behandlungsteils

Im Behandlungsteil können Sie diejenigen seelischen Verstimmungen und körperlichen Beeinträchtigungen aufsuchen, die Sie zur Zeit beschäftigen.

Sie können dort unter dem betreffenden Stichwort nachlesen, welche Bach-Blüten und welche mentalen Techniken Sie in Ihrem Fall erfolgreich einsetzen können.

Da verschiedene Maßnahmen bei verschiedenen Menschen unterschiedlich anschlagen – je nach dem

Zustand des Schwingungsfeldes – werden häufig mehrere Vorschläge zur Auswahl angeboten. Probieren Sie aus, welche Blütenlösung Ihnen am meisten nützt. Sie müssen nicht alle genannten einnehmen.

Wann muss die Blütenessenz verdünnt werden?

Normalerweise kaufen Sie in der Apotheke die verdünnte, gebrauchsfertige Blütenlösung oder Blütenkombination. Falls Sie jedoch eine Stock-Bottle (Vorratsflasche) von den Original-Bach-Blüten besitzen, geben Sie drei Tropfen aus dieser Vorratsflasche in ein leeres 20- oder 30-Milliliter-Glasfläschchen und füllen dieses mit einer Lösung von 85 % Wasser und 15 % Alkohol auf. Statt mit Alkohol können Sie die Lösung auch mit 15% Obstessig haltbar machen.

Haben Sie eine Blütenessenz aus selbst gefundenen Blüten hergestellt, genügen zwei Tropfen für die Lösung, weil die selbst hergestellten Essenzen stärker wirken.

Als Essenz bezeichnen wir in diesem Buch grundsätzlich den unverdünnten Inhalt der Stock Bottle, mit dem Wort Lösung aber die verdünnte Mischung zum Einnehmen.

Einnehmen – wie viel und wie oft?

Von der gekauften oder selbst hergestellten Blüten-Mischung nehmen Sie dreimal täglich 4 Tropfen ein, falls in der Anleitung nicht ausdrücklich etwas anderes empfohlen wird.

Wie lange?

Nehmen Sie die Blütenlösung, bis Ihre Beschwerden vollständig verschwunden sind und dann noch einige Tage länger, um ein Wiederauftauchen zu verhindern. Diese Einnahmeregeln gelten sowohl für Erwachsene als auch für Kinder und Tiere.

Was muss ich noch beachten?

Bach-Blütenessenzen wirken am besten, wenn Sie sich bei der Einnahme entspannen; dann können sich die heilsamen Schwingungen im Körper ausbreiten, ohne unnötig durch Verspannungen und andere Stressfolgen behindert zu werden.

Entspannen Sie sich also: Setzen oder legen Sie sich zum Einnehmen der Blütenlösung zehn Minuten bequem hin und lassen Sie alle Spannungen im Körper los. Atmen Sie tief aus und ein. Wenn Sie das autogene Training oder eine ähnliche Entspannungstechnik beherrschen, sollten

Sie diese nach Möglichkeit anwenden. Wählen Sie dafür möglichst immer die gleiche Tageszeit.

Behalten Sie die Lösung beim Einnehmen eine Weile im Mund, möglichst unter der Zunge, damit sie durch die Mundschleimhaut schneller in den Körper gelangt.

Prüfen Sie anhand der Beschreibungen in Kapitel 1 (»Die Bach-Blüten«), ob eine der genannten Blütenlösungen Ihr Langzeitmittel ist.

Wann tritt die Wirkung ein?

Eine Wirkung der Bach-Blüten kann nach 10 Minuten spürbar werden, in anderen Fällen aber auch erst nach drei Wochen. In jedem Falle müssen Sie sich selbst bzw. den Patienten genau beobachten. Notieren Sie am besten vor Beginn der Einnahme die Krankheitserscheinungen, auf die die Bach-Blütenessenz einwirken soll (z.B. Unruhe, Weinerlichkeit). Dann protokollieren Sie jeden Tag zur gleichen Zeit (morgens oder abends), welche Veränderungen Sie feststellen: Ist die Unruhe geringer geworden? Hat die Weinerlichkeit nachgelassen?

Legen Sie auch hier eine Checkliste an. Damit schaffen Sie sich ein eigenes Rezeptbuch für spätere Fälle.

Zu Beginn der Behandlung kann eine sogenannte Erstverschlimmerung eintreten, d.h. die Erscheinungen, die Sie bekämpfen wollen, verstärken sich noch. Das dauert aber nur kurze Zeit und ist ein Zeichen dafür, dass die Bach-Blüten wirken. Bald setzt dann der Heilungsprozess ein.

Wenn Sie nach vier Tagen keine Besserung feststellen können, sollten Sie überlegen, ob vielleicht eine andere Blütenessenz besser geeignet ist oder wodurch eine Genesung des Patienten möglicherweise verhindert wird.

Welche mentalen Techniken?

Im Behandlungsteil werden unter den einzelnen Stichwörtern Übungen zur Geistigen Integration und zur Schwingungsänderung angegeben. Führen Sie in jedem Falle diese Übungen durch. Da viele Menschen gar nicht wissen, dass und wo überall sie Blockierungen haben und welche Gedanken sich negativ auf ihren körperlichen Zustand auswirken, lohnt sich das immer. Wichtig ist, dass Sie *Ihre* heilenden Schwingungen finden, die für Sie persönlich die stärkste Wirkung haben. Wandeln Sie also zu Beginn das vorgeschlagene Reizwort so lange ab, bis Sie diejenige Formulierung gefunden haben, die Ihnen am meisten hilft. Suchen Sie ebenso das für Sie günstigste Schwingungs-

Achten Sie auf Veränderungen!

feld und integrieren Sie es in Ihr Inneres (siehe Kapitel 2 »Die mentale Unterstützung«).

Falls Ihnen im Laufe der Anwendung eine Idee kommt, wie Sie den Satz oder das Schwingungsfeld noch weiter verbessern können, tun Sie das, auch noch nach drei oder acht Tagen!

Wann und wie oft mentale Verstärkung?

Sie können die mentalen Übungen jedes Mal der Einnahme der Blütenessenzen anschließen. Falls Ihnen das aus Zeitgründen nicht möglich ist, suchen Sie sich eine feste Zeit am Morgen oder am Abend, zu der Sie genügend Ruhe haben, um sich täglich in das Schwingungsfeld zu legen. Die Resonanzworte können Sie sich natürlich auch öfter am Tage vorsagen – je öfter, umso wirksamer. Auch hier lohnt es sich, Ihr Vorgehen in einer Checkliste zu notieren.

Tragen Sie in Zeile 5 ein, wo Sie die zugehörige Blockierung geortet haben, und in Zeile 6, wann Sie sie gelöst haben. In Zeile 7 notieren Sie den benutzten Leitsatz oder das Merkwort und in Zeile 8 den Namen des Schwingungsfeldes, das Sie sich haben kommen lassen.

Suchen Sie bei ernsten Erkrankungen in jedem Falle Ihren Arzt auf!

Die besondere Stärke der Bach-Blüten liegt in ihrer Langzeitwirkung. Wenn Sie eine geeignete Bach-Blütenessenz über mehrere Wochen hinweg einnehmen, und danach eine weitere, die an einem Ihrer anderen Schwachpunkte ansetzt, ebenfalls mehrere Wochen oder vielleicht sogar Monate lang, so können Sie eine tiefgreifende Verbesserung Ihrer seelischen und körperlichen Gesundheit erzielen. Diese Methode ist für Sie in jedem Falle völlig unschädlich, da Bach-Blüten keinerlei Nebenwirkungen haben.

Ihre Checkliste

1. Beschwerde:______________________________

2. Bach-Blütenessenz:______________________________

3. Eingenommen von______________ bis______________

4. Wirkung:______________________________

5. Ort der Blockierung:______________________________

6. Blockierung gelöst am______________________________

7. Merksatz:______________________________

8. Schwingungsfeld:______________________________

Beschwerden und ihre Behandlung

Ärger

Impatiens

Oak

Groll, Wut

Wir ärgern uns, wenn wir mit einer Situation nicht fertig werden. Lassen wir den Ärger los, ändern wir damit auch die Situation. Bach-Blüten können dabei helfen.

Scarlet Monkeyflower

Holunder

Holly

Bach-Blüten:
Wenn der Ärger in Form von Wut, Groll oder Unzufriedenheit auftritt, nehmen Sie von der Blütenlösung **Holly** fünfmal täglich je 2 Tropfen.

Holly

Wenn Ihr Ärger Sie ungeduldig macht, nehmen Sie **Impatiens** in der gleichen Dosierung. **Oak** ist zu empfehlen, wenn Sie unzufrieden mit sich selbst sind.

Kalifornische Blüten:
Scarlet Monkeyflower bewirkt, dass Sie Ihren Ärger konstruktiv nutzen, um Veränderungen herbeizuführen. Nehmen Sie davon viermal täglich 2 Tropfen.

Einheimische Blüten:
Nehmen Sie dreimal täglich 4 Tropfen von einer selbst hergestellten und verdünnten Essenz aus **Holunder**blüten (siehe Kapitel 1). Holunder stärkt Ihre Abwehrkraft und Ihr Stehvermögen.

Blockierungen lösen:
Schauen Sie nach innen: Wo sitzt der Ärger in Ihrem Körper? In der Brust? Im Hals? Im Bauch? Wenn Sie die Stelle gefunden haben, lösen Sie die Blockierung durch Geistige Integration auf. Achten Sie darauf, welches Gefühl an die Stelle des Ärgers tritt (siehe Kapitel 2).

Das Schwingungsfeld ausbauen:
1. Atmen Sie so tief wie möglich. Atmen Sie mehr aus als ein. Stoßen Sie jedesmal den Atem kräftig aus; atmen Sie Ihren Ärger mit aus!
2. Sprechen Sie bei sich: »Ich bewahre die innere Ruhe«, oder »Die Realität ist mein Freund«. Suchen Sie einen eigenen, noch wirksameren Satz (siehe Kapitel 2).
3. Lassen Sie sich das Schwingungsfeld Ihrer **Gelassenheit** kommen, entspannen Sie sich darin wie in einem Bad und nehmen Sie die Schwingungen in jede Zelle Ihres Körpers auf (siehe Kapitel 2).

Aggressivität

Feindseligkeit, Hass, Streitsucht

Wer aggressiv ist, will eine Sache anpacken und ändern, und richtet sich oft gegen andere Menschen. Nutzen Sie dieses Gefühl konstruktiv!

Bach-Blüten:
Die Blütenlösung **Holly** fördert Ihr Verständnis für andere Menschen. Wird die Aggressivität durch Ungeduld hervorgerufen, nehmen Sie **Impatiens** in der gleichen Dosierung. Ein weiteres Mittel ist **Cherry Plum**, das beim Loslassen der eigenen Wut hilft. Sie können diese drei Lösungen auch miteinander mischen.

Kalifornische Blütenessenzen:
Trillium hilft Ihnen, mehr auf die Bedürfnisse anderer Menschen einzugehen. Nehmen Sie davon dreimal täglich 2 Tropfen.

Trillium

Einheimische Blüten:
Bereiten Sie eine Essenz aus wilden **Löwenmäulchen**, die von Juni bis September blühen. Verdünnen Sie die Essenz (siehe Kapitel 1) und nehmen Sie dreimal täglich 3 Tropfen ein.

Löwenmäulchen

Blockierungen lösen:
Wo spüren Sie die Wut in Ihrem Körper? Bleiben Sie mit Ihrer Aufmerksamkeit an der gefundenen Körperstelle und lösen Sie die dortige Blockierung durch Geistige Integration auf (siehe Kapitel 2). Wahrscheinlich gibt es mehrere blockierte Stellen in Ihrem Körper.

Das Schwingungsfeld ausbauen:
1. Sprechen Sie sich mehrmals am Tage vor: »Ich habe Geduld mit anderen Menschen.« Spüren Sie den Schwingungen dieses Satzes in Ihrem Körper nach.
2. Legen Sie sich entspannt hin und lassen Sie sich das Schwingungsfeld

Holly

Impatiens

Cherry Plum

Ihrer bisher nicht gelebten **Gelassenheit** kommen. Integrieren Sie dieses Schwingungsfeld in Ihren Körper, wie es in Kapitel 2 beschrieben ist.

Allergien

Bei Allergien reagiert der Körper in übersteigerter Form auf bestimmte materielle oder psychische Reize, die von außen kommen.

Bach-Blüten:

Beech

Die Blütenlösung **Beech** lässt Sie Einflüsse von außen besser ertragen. Nehmen Sie davon fünfmal täglich je 3 Tropfen. Um die Irritation zu mildern, nehmen Sie **Impatiens** in der gleichen Dosierung.

Impatiens

Kalifornische Blütenessenzen:

Chaparral

Garlic

Chaparral hat reinigende Wirkung, **Garlic** stärkt Ihre Widerstandskraft. Nehmen Sie davon dreimal täglich 2 Tropfen.

Einheimische Blüten:

Hundskamille

Bereiten Sie selbst eine Essenz aus der wild wachsenden **Hundskamille**, verdünnen Sie sie (siehe Kapitel 1) und nehmen Sie dreimal täglich 3 Tropfen. Die Kamille blüht in der Regel von Mai bis September und gibt Ihnen bei regelmäßiger Einnahme Gelassenheit.

Blockierungen lösen:

Wo spüren Sie den Ausgangspunkt des Juckreizes, der Hautschwellungen oder des Heuschnupfens? In der Haut, in den Schleimhäuten? Wahrscheinlich ist ein Zentrum schwer zu orten; dann suchen Sie sich die Stelle aus, an der die Erscheinungen am meisten quälen, bleiben Sie mit Ihrer Aufmerksamkeit an dieser Körperstelle und lösen Sie die dortige Blockierung durch Geistige Integration auf (vgl. Kapitel 2).

Das Schwingungsfeld ausbauen:

1. Sprechen Sie sich mehrmals am Tage vor: »Mein Körper beruhigt sich.« Spüren Sie den Schwingungen dieses Satzes in Ihrem Körper nach.
2. Legen Sie sich entspannt hin und lassen Sie sich das Schwingungsfeld Ihrer bisher nicht gelebten **Inneren Ausgeglichenheit** kommen. Integrieren Sie dieses Schwingungsfeld in Ihren Körper, wie es in Kapitel 2 beschrieben ist.

Alterserscheinungen

Als Alterserscheinungen bezeichnen wir körperliche Beschwerden wie zunehmende Steifheit, Langsamkeit, Unbeweglichkeit, Ermüdbarkeit oder auch geistige Unzulänglichkeiten wie Konzentrationsschwäche, Gedächtnisschwäche usw. (Schauen Sie auch unter diesen Stichwörtern nach.) Vieles davon muss nicht sein, sondern geht auf Blockierungen zurück, die sich im Laufe des Lebens festgesetzt haben. Lösen Sie diese Blockierungen und werden Sie wieder fit und vor allem beweglich!

Bach-Blüten:
Nehmen Sie von der Blütenlösung **Chicory** fünfmal täglich je 2 Tropfen und behalten Sie diese eine Weile im Mund. Bei regelmäßiger Einnahme verringert sich Ihre Besorgtheit über Ihr Alter.

Kalifornische Blütenessenz:
Penstemon gibt Ihnen Stärke und Selbstvertrauen. Nehmen Sie davon dreimal täglich 2 Tropfen.

Einheimische Blüten:
Bereiten Sie eine Essenz aus den Blüten der **Artischocke**, verdünnen Sie sie (siehe Kapitel 1) und nehmen Sie dreimal täglich 3 Tropfen. Diese Blüten stärken Ihren Lebenswillen.

Blockierungen lösen:
Spüren Sie in Ihren Körper hinein: Wo sitzt der Kern der betreffenden Beschwerden?
Bleiben Sie dann mit Ihrer Aufmerksamkeit an dieser Körperstelle und lösen Sie die dortige Blockierung durch Geistige Integration auf (siehe auch Kapitel 2).

Chicory

Penstemon

Artischocke

Das Schwingungsfeld ausbauen:
1. Sprechen Sie sich mehrmals am Tage vor: »Ich bin locker und beweglich«, oder »Ich kann mich hervorragend konzentrieren«, oder einen anderen Satz, der die gewünschte Fähigkeit ausdrückt. Spüren Sie den Schwingungen dieses Satzes in Ihrem Körper nach.
2. Legen Sie sich entspannt hin und lassen Sie sich das Schwingungsfeld Ihrer **Beweglichkeit**, Ihrer **Spannkraft** oder Ihres **Selbstbewusstseins** kommen. Integrieren Sie dieses Schwingungsfeld in Ihren Körper, wie es in Kapitel 2 beschrieben ist.

Angst

Furchtsamkeit, Panik

Angst ist ein schlechter Ratgeber. Bach-Blüten helfen, die Angst zu dämpfen, damit Sie Ihr Handeln klar und sachlich abwägen können.

Bach-Blüten:
Wenn die Angst vor allem eine Unsicherheit vor Unbekanntem ist, nehmen Sie von der Blütenlösung **Aspen** fünfmal täglich je 2 Tropfen. Aspen macht Sie furchtlos. Haben Sie eher mit Angst vor bestimmten bekannten Dingen zu tun, nehmen Sie **Mimulus** in der gleichen Dosierung. Mimulus vermittelt Tapferkeit. Ein weiteres Mittel ist **Cherry Plum**, das beim Loslassen hilft, wenn Sie Angst vor nervlicher Überforderung haben.

Aspen
Mimulus
Cherry Plum

Kalifornische Blütenessenzen:
Garlic gibt Ihnen ein Gefühl von Sicherheit, **Mountain Pride** gibt Mut, der Situation ins Auge zu sehen. Nehmen Sie davon dreimal täglich 2 Tropfen.

Garlic
Mountain Pride

Einheimische Blüten:
Nehmen Sie von einer selbst hergestellten **Ringelblumen**lösung dreimal täglich 2 Tropfen. Diese Blütenlösung baut Ängste ab.

Ringelblume

Blockierungen lösen:
Spüren Sie beim Auftreten von Ängsten in Ihren Körper hinein: Wo sitzt die Angst?
Bleiben Sie mit Ihrer Aufmerksamkeit an dieser Körperstelle und lösen Sie die dortige Blockierung durch Geistige Integration auf (siehe Kapitel 2).

Das Schwingungsfeld ausbauen:
1. Sprechen Sie sich mehrmals am Tage vor: »Ich bin geborgen.« Spüren Sie den Schwingungen dieses Satzes in Ihrem Körper nach.
2. Legen Sie sich entspannt hin und lassen Sie sich das Schwingungsfeld Ihres bisher nicht gelebten **Urvertrauens** kommen. Integrieren Sie dieses Schwingungsfeld in Ihren Körper, wie es in Kapitel 2 beschrieben ist.

Antriebsarmut

Apathie, Vitalitätsmangel, Willensschwäche

Antriebsarmut kann so weit gehen, dass wir es nicht mehr schaffen, für uns selbst zu sorgen. Dann brauchen wir dringend neue Kraft und neue Motivation.

Bach-Blüten:
Nehmen Sie von der Blütenlösung **Mustard** fünfmal täglich 2 Tropfen.

Mustard

Mustard

Mustard macht Sie zuversichtlicher. Sie können auch **Wild Rose** in der gleichen Dosierung regelmäßig einnehmen, dadurch gewinnen Sie mehr Lebensfreude.

Wild Rose

Kalifornische Blütenessenz:
Cayenne hilft Ihnen, notwendige Veränderungen vorzunehmen. Nehmen Sie davon dreimal täglich je 2 Tropfen ein.

Cayenne

Einheimische Blüten:
Verdünnen Sie eine selbst hergestellte **Rainfarn**-Blütenessenz. Rainfarn blüht von Juli bis September. Nehmen Sie dreimal täglich 3 Tropfen ein. Dadurch gewinnen Sie auf die Dauer an Entschlussfreudigkeit und Tatkraft.

Rainfarn

Blockierungen lösen:
Spüren Sie in Ihren Körper hinein: Wo sitzt die Lustlosigkeit? In der Brust, im Bauch, im Rücken? Und wo genau? Bleiben Sie mit Ihrer Aufmerksamkeit an dieser Körperstelle und lösen Sie die dortige Blockierung durch Geistige Integration auf (siehe Kapitel 2).

Das Schwingungsfeld ausbauen:
1. Sprechen Sie sich mehrmals täglich vor: »Ich bin tatkräftig und begeisterungsfähig«, oder einen ähnlichen Satz, der Ihnen Lust macht, etwas zu tun. Lassen Sie das neue Gefühl in Ihrem Körper nachklingen.
2. Lassen Sie sich das Schwingungsfeld Ihres **Erfolgswillens** kommen, legen Sie sich hinein und nehmen Sie die Schwingungen mit allen Körperzellen auf.

Atembeschwerden

Asthma, Bronchitis, Husten

Atembeschwerden entstehen normalerweise, wenn unsere Luftversorgung gestört ist. Sie können körperliche oder psychische Ursachen haben. Gehen Sie in jedem Falle zum Arzt. Bach-Blüten können die beunruhigenden Symptome zwischenzeitlich lindern.

Bach-Blüten:
Stellen Sie eine Blütenlösung aus **Chestnut Bud**, **Holly** und **Crab Apple** her und nehmen Sie fünfmal täglich 2 Tropfen. Dieses Mittel reinigt Ihren Körper und vermindert die Irritation.

Chestnut Bud
Holly
Crab Apple

Kalifornische Blütenessenzen:
Dogwood hilft Ihnen, besser mit dem eigenen Körper zurechtzukommen, **Self Heal** weckt die Selbstheilungskräfte. Nehmen Sie von diesen Blütenlösungen viermal täglich je 2 Tropfen.

Dogwood
Self Heal

Einheimische Blüten:
Nehmen Sie von einer selbst hergestellten und verdünnten Essenz aus den Blüten der **Königskerze** dreimal täglich je 3 Tropfen ein. (Die Königskerze blüht zwischen Juli und September.) Sie hilft Ihnen dabei, tiefer zu atmen und Ihren Wesenskern zu finden.

Königskerze

Blockierungen lösen:
Spüren Sie beim Auftreten der Beschwerden in Ihren Körper hinein: Wo sitzen sie? In der Luftröhre? In den Bronchien? Wo genau? Bleiben Sie mit Ihrer Aufmerksamkeit an dieser Körperstelle und lösen Sie die dortige Blockierung durch Geistige Integration auf (siehe Kapitel 2).

Cerato

Das Schwingungsfeld ausbauen:
1. Sprechen Sie sich mehrmals am Tage vor: »Ich atme leicht und frei.« Stellen Sie sich dabei vor, dass Sie in einem Kiefernwald oder am Meeresstrand stehen und dass die würzige Luft von selbst in Ihren Körper fließt.
2. Legen Sie sich entspannt hin und lassen Sie sich das Schwingungsfeld Ihres bisher nicht gelebten **Urvertrauens** kommen. Integrieren Sie die Schwingungen in Ihren Körper.

Beeinflussbarkeit

Abhängigkeit, Fremdbestimmtheit

Leicht beeinflussbare Menschen stellen ihre eigene Persönlichkeit zurück und schätzen sie zu gering ein. Bach-Blüten helfen ihnen, ihr eigenes

Wesen und damit mehr Selbstbewusstsein zu entwickeln.

Bach-Blüten:
Selbstbestimmung und Selbstvertrauen gewinnen Sie durch **Centaury**, **Cerato** und **Larch**. Mischen Sie diese Lösungen zu gleichen Teilen. Nehmen Sie dreimal täglich 4 Tropfen.

Kalifornische Blütenessenz:
Mountain Pennyroyal hilft Ihnen, die eigenen Verhaltensmuster zu erkennen und zu ändern. Nehmen Sie davon dreimal täglich 2 Tropfen.

Einheimische Blüten:
Stellen Sie sich eine Blütenessenz vom **Sonnenhut** her, (Blütezeit Juli bis Oktober), verdünnen Sie sie und nehmen Sie davon dreimal täglich 3 Tropfen. Sonnenhut stärkt Ihre Ich-Identität.

Blockierungen lösen:
Spüren Sie in Ihren Körper hinein, wenn Sie merken, dass Sie nicht Ihrer inneren Führung folgen, sondern anderen Menschen. Wie fühlen Sie sich dabei? Wo sitzt der Kern Ihres Unbehagens? Orten Sie den Punkt und bleiben Sie mit Ihrer Aufmerksamkeit an dieser Körperstelle. Lösen Sie die Blockierung durch Geistige Integration auf (siehe Kapitel 2).

Das Schwingungsfeld ausbauen:
1. Sprechen Sie sich mehrmals am Tage vor: »Ich weiß selbst am besten, was für mich gut ist«, oder »Ich bestimme meine Ziele selbst«. Vielleicht finden Sie einen anderen Satz, der Ihrer Situation noch besser entspricht. Spüren Sie beim Sprechen, wie die Schwingungen sich in Ihrem Körper ausbreiten.
2. Lassen Sie sich das Schwingungsfeld Ihrer **Selbstbestimmung** kommen und legen Sie sich hinein. Zentrieren Sie sich und nehmen Sie die Schwingungen in sich auf. Wiederholen Sie diese Übung täglich.

Centaury
Cerato
Larch

Mountain Pennyroyal

Sonnenhut

Begehrlichkeit

Habgier

Wenn uns etwas unendlich erstrebenswert vorkommt, scheint ein zwanghaftes Haben-Müssen an dem begehrenswerten Gegenstand zu haften. Sobald wir uns von diesem Zwang abkoppeln können, geht es uns besser.

Bach-Blüten:
Nehmen Sie fünfmal täglich 2 Tropfen von der Blütenlösung **Chicory**. Bei regelmäßiger Einnahme verlagert sich Ihr Interesse auf die Bedürfnisse anderer Menschen.

Chicory

Kalifornische Blütenessenzen:

Star Thistle
Trillium

Star Thistle macht großzügiger, **Trillium** hilft Ihnen, die Gemeinschaft in Ihr Blickfeld mit einzubeziehen. Nehmen Sie davon dreimal täglich 2 Tropfen.

Einheimische Blüten:

Wermut

Nehmen Sie von einer selbst hergestellten **Wermut**-Blütenlösung dreimal täglich 3 Tropfen. (Wermut blüht von Juli bis September.) Auf die Dauer finden Sie dadurch Gefallen am Maßhalten.

Blockierungen lösen:

Mustard
Larch

Spüren Sie in Ihren Körper hinein: Wo sitzt die Sucht nach einem erstrebenswerten Gut? In der Luftröhre? In den Armen? Wo genau? Bleiben Sie mit Ihrer Aufmerksamkeit an dieser Körperstelle und lösen Sie die dortige Blockierung durch Geistige Integration auf (siehe Kapitel 2).

Das Schwingungsfeld ausbauen:

Borage
Besenginster

1. Sprechen Sie sich mehrmals am Tage vor: »In Wirklichkeit brauche ich das gar nicht.« Fragen Sie sich, ob und wie lange der neu erworbene Besitz Sie glücklich macht oder ob es etwas anderes gibt, was Ihnen mehr Zufriedenheit verspricht. Formulieren Sie aus Ihrer Erkenntnis einen Satz und sprechen Sie sich diesen vor.
2. Entspannen Sie sich und legen Sie sich in das Schwingungsfeld Ihres **Über-den-Dingen-Stehens**. Machen Sie sich auch mit den Schwingungen vertraut.

Depressionen

Niedergeschlagenheit, Schwermut

Eine Depression ist eine länger dauernde negative Verstimmung des ganzen Menschen, die auch körperliche Ursachen haben kann. Mit Bach-Blüten können Sie aus der Depression herauskommen.

Bach-Blüten:

Die Blütenlösung **Mustard** hellt Ihre Depression auf. Nehmen Sie viermal täglich je 3 Tropfen.
Nehmen Sie **Larch** in der gleichen Dosierung, um Selbstvertrauen und Mut zu gewinnen.

Kalifornische Blütenessenz:

Borage verhilft zu innerer Leichtigkeit. Nehmen Sie von dieser Blütenlösung dreimal täglich je 2 Tropfen ein.

Einheimische Blüten:

Bereiten Sie eine Essenz aus den gelben Blüten des **Besenginsters**, er blüht im Mai und Juni. Verdünnen Sie die Essenz (siehe Kapitel 1) und nehmen Sie dreimal täglich 3 Tropfen. Bei regelmäßiger Einnahme werden Sie bald in Ihrem Leben einen Sinn erkennen.

Blockierungen lösen:
Wo spüren Sie die Schwermut in Ihrem Körper? Vielleicht in der Brust, im Bauch, im Nacken, im Rücken? Suchen Sie die genaue Stelle und bleiben Sie mit Ihrer ganzen Aufmerksamkeit dort.
Lösen Sie die Blockierung durch Geistige Integration auf (siehe Kapitel 2). Wahrscheinlich gibt es auch mehrere blockierte Stellen in Ihrem Körper, die Sie dann in Abständen von drei bis vier Tagen unbedingt in Angriff nehmen sollten.

Das Schwingungsfeld ausbauen:
1. Sprechen Sie sich immer wieder vor: »Das Leben ist erträglich.« Oder »Es wird schon heller«. Vielleicht finden Sie auch einen anderen Satz, der Ihnen noch mehr Auftrieb gibt. Spüren Sie seine Schwingungen in Ihrem Körper.
2. Lassen Sie sich das Schwingungsfeld Ihrer **inneren Stabilität** kommen, legen Sie sich in das Zentrum dieses Feldes und lassen Sie sich davon durchdringen.

Dominanzstreben

Herrschsucht, Machtstreben

Manche Menschen wollen über das Handeln und Denken anderer bestimmen, ohne zu berücksichtigen, dass jeder ein Recht auf seine eigene Meinung und seine eigenen Ziele hat.

Bach-Blüten:
Mischen Sie die Blütenlösungen **Vine** und **Chicory** und nehmen Sie dreimal täglich je 4 Tropfen. Dieses Mittel hilft Ihnen, den anderen Menschen so sein zu lassen, wie er ist, und ihm nicht dreinzureden.

Vine
Chicory

Kalifornische Blütenessenz:
Durch die Einnahme von **Larkspur** (eine amerikanische Ritterspornart) gewinnen Sie mehr Nachsicht gegenüber anderen Menschen und können ihnen leichten Herzens Aufgaben übertragen. Nehmen Sie davon dreimal täglich 2 Tropfen.

Larkspur

Einheimische Blüten:
Stellen Sie sich eine Essenz aus **Spitzwegerich**blüten her (Blütezeit Juli bis Oktober) und verdünnen Sie sie nach Anleitung. Nehmen Sie dreimal täglich 4 Tropfen. Die Lösung hilft Ihnen, anderen soviel Zeit und Raum zu lassen, wie sie brauchen.

Spitzwegerich

Mimulus **Blockierungen lösen:**
Spüren Sie in Ihren Körper hinein: Wo sitzt der Impuls, auf andere Einfluss zu nehmen? Suchen Sie den genauen Ort in Ihrem Körper und bleiben Sie mit Ihrer ganzen Aufmerksamkeit an dieser Körperstelle. Lösen Sie dann die dortige Blockierung durch Geistige Integration auf (siehe Kapitel 2).

Das Schwingungsfeld ausbauen:
1. Sprechen Sie sich mehrmals am Tage vor: »Ich lasse den andern so sein, wie er ist«, oder »Die anderen werden auch ohne mich fertig.« Spüren Sie den Schwingungen dieses jeweiligen Satzes nach.
2. Lassen Sie sich das Schwingungsfeld Ihrer angeborenen **Toleranz** kommen. Legen Sie sich hinein und lassen Sie sich ganz von den Schwingungen durchdringen.

Durchfall

Bauchschmerzen

Durchfall kann entweder eine Begleiterscheinung anderer Krankheiten sein, oder er kann aber auch als Folge von Angst oder Beunruhigung auftreten. Suchen Sie einen Arzt auf, wenn Sie häufiger unter Durchfall leiden sollten.

Mimulus

Bach-Blüten:
Nehmen Sie von einer **Mimulus**-Lösung so oft wie nötig 3 Tropfen. Mimulus beruhigt die Verdauungswege.

Self Heal

Kalifornische Blütenessenz:
Self Heal unterstützt die Selbstheilungskräfte des Körpers und lindert Bauchschmerzen.

Kamille

Einheimische Blüten:
Stellen Sie eine Essenz aus **Kamillen**blüten her (Hundskamille, Blütezeit Mai bis September) und nehmen Sie dreimal täglich 4 Tropfen von der Lösung. Kamille beruhigt und löst die Spannungen in Magen und Därmen.

Blockierungen lösen:
Wenn der Durchfall häufiger auftritt, spüren Sie in Ihren Körper hinein und finden Sie heraus, wo das Zen-

trum Ihrer Beschwerden sitzt. Bleiben Sie mit Ihrer Aufmerksamkeit an dieser Stelle und lösen Sie die dortige Blockierung mit Hilfe der Geistigen Integration auf (siehe Kapitel 2).

Das Schwingungsfeld ausbauen:
1. Sprechen Sie sich täglich mehrmals vor: »Ich bin völlig ruhig und mein Körper kann ganz normal arbeiten«.
2. Lassen Sie sich das Schwingungsfeld Ihrer **inneren Gelassenheit** kommen. Zentrieren Sie sich und spüren Sie die Schwingungen. Nehmen Sie sie in alle Zellen Ihres Körpers auf.

Eifersucht

Eifersucht wurzelt in einem Minderwertigkeitsgefühl, nämlich dem Gefühl, dass andere mehr geliebt werden als Sie. Die Eifersucht verschwindet, wenn Sie lernen, sich selbst höher einzuschätzen.

Bach-Blüten:
Mischen Sie **Holly** und **Chicory** und nehmen Sie dreimal täglich je 4 Tropfen. Diese Mischung gibt Ihnen mehr Sicherheit in Ihrer Liebe.

Kalifornische Blütenessenz:
Durch die Einnahme von **Bleeding Heart** gewinnen Sie mehr Freiheit und Eigenständigkeit in Ihren Beziehungen. Nehmen Sie von dieser Blütenlösung dreimal täglich je 2 Tropfen ein.

Einheimische Blüten:
Stellen Sie sich selbst eine Essenz aus der wild wachsenden **Hundskamille** her (Blütezeit Mai bis September) und verdünnen Sie sie nach der Anleitung. Nehmen Sie davon dreimal täglich 4 Tropfen ein. Kamille beruhigt und löst Spannungen.

Blockierungen lösen:
Spüren Sie beim Auftreten der Eifersucht in Ihren Körper hinein: Wo sitzt dieser stechende Schmerz? Suchen Sie den genauen Ort und bleiben Sie mit Ihrer ganzen Aufmerksamkeit an dieser Körperstelle. Lösen Sie die dortige Blockierung durch Geistige Integration auf (siehe auch Kapitel 2).

Das Schwingungsfeld ausbauen:
1. Sprechen Sie sich mehrmals am Tage vor: »Ich bin Herr über meine Gedanken.« Denken Sie beim Auftauchen der Eifersucht sofort an etwas anderes; sagen Sie sich z. B. ein Gedicht oder das große Einmaleins auf.
2. Atmen Sie einige Male tief aus und ein und suchen Sie Ihren Mittelpunkt

Hundskamille

Holly
Chicory

Bleeding Heart

im Bauch. Legen Sie sich in das Schwingungsfeld Ihrer **Unerschütterlichkeit** und lassen Sie die Schwingungen in sich wirken, bis Sie schließlich ganz mit ihnen verschmolzen sind.

Eigennutz

Egoismus, Selbstsucht

Eigensüchtiges Streben entspringt oft einer tief sitzenden Unsicherheit und der Befürchtung, dass man zu kurz kommt. Die eigene Absicherung muss aber nicht auf Kosten anderer stattfinden.

Bach-Blüten:
Wenn Sie in Gesprächen gern ausschließlich über sich selbst reden, nehmen Sie von der Blütenlösung **Heather** fünfmal täglich je 2 Tropfen. Wenn Sie nur schwer die Interessen anderer Menschen berücksichtigen können, nehmen Sie **Vine** in der gleichen Dosierung. **Beech** ist zu empfehlen, um anderen Menschen gegenüber toleranter zu werden.

Heather

Vine

Beech

Kalifornische Blüten:
Quaking Grass gibt Ihnen das Vertrauen, dass für Sie gesorgt wird. Nehmen Sie davon dreimal täglich 2 Tropfen.

Quaking Grass

Einheimische Blüten:
Nehmen Sie dreimal täglich 4 Tropfen von einer selbst hergestellten und verdünnten Essenz aus **Spitzwegerich**blüten, die Sie normalerweise zwischen Juli und September finden können. Das hilft Ihnen, mit dem Herzen zu denken.

Spitzwegerich

Blockierungen lösen:
Schauen Sie nach innen in Ihren Körper: Wo sitzt diese Sucht, den eigenen Vorteil wahrzunehmen? Wenn Sie die genaue Stelle in Ihrem Körper gefunden haben, lösen Sie sie durch Geistige Integration auf. Achten Sie unbedingt darauf, welches Gefühl dann an die Stelle der Eigenliebe tritt (siehe Kapitel 2).

Das Schwingungsfeld ausbauen:
1. Atmen Sie tief ein und aus. Sprechen Sie sich vor: »Ich brauche keine Angst zu haben, für mich wird gesorgt«, oder »Es macht Freude, anderen Menschen etwas Gutes zu tun.« Finden Sie vielleicht einen Satz, der Ihrer Situation noch besser entspricht, und sagen Sie ihn sich mehrmals am Tage vor.
2. Lassen Sie sich das Schwingungsfeld Ihrer **Herzlichkeit** kommen und legen Sie sich hinein. Machen Sie sich die Schwingungen zu Eigen, nehmen Sie sie in sich auf.

Eigensinn

Starrsinn

Eigensinn ist eine Art von Unbeweglichkeit, die uns unnachgiebig an einem Ziel oder einer Vorstellung festhalten lässt. Das kann in eine Sackgasse oder aber ins Verderben führen. Wer lernt, immer mehrere Möglichkeiten zu sehen, kann das vermeiden.

Bach-Blüten:
Wenn Sie hohe Ideale rigoros verfolgen, kann Ihnen die **Rock-Water-**Lösung helfen, flexibler zu werden und auch einmal individuelle Bedürfnisse voranzustellen.
Vine hilft Ihnen, auch die Vorstellungen anderer Menschen in Betracht zu ziehen. Nehmen Sie jeweils dreimal täglich 4 Tropfen der betreffenden Lösung.

Kalifornische Blütenessenz:
Hounds Tongue erweitert Ihren Gesichtskreis und macht Sie neugierig auf andere Denkweisen. Nehmen Sie von dieser Lösung dreimal täglich 2 Tropfen.

Einheimische Blüten:
Stellen Sie sich eine Blütenessenz von den Blüten der Sommer- bzw. **Stieleiche** her (*Quercus robur*, Blütezeit im Mai).
Verdünnen Sie die Essenz und nehmen Sie von der Lösung dreimal täglich 4 Tropfen. Dadurch lernen Sie, auch einmal loszulassen und nachzugeben.

Blockierungen lösen:
Spüren Sie in Ihren Körper hinein, wenn Sie merken, dass Sie starr an etwas festhalten. Wie fühlen Sie sich dabei? Wo sitzt der Kern dieses Gefühls? Orten Sie den genauen Punkt und bleiben Sie mit Ihrer ganzen Aufmerksamkeit an dieser Körperstelle. Lösen Sie die dortige Blockierung durch Geistige Integration auf (siehe Kapitel 2).

Das Schwingungsfeld ausbauen:
1. Sprechen Sie sich mehrmals am Tage vor: »Ich bin flexibel und entscheide je nach der Situation«.
Spüren Sie beim Sprechen, wie die Schwingungen sich in Ihrem Körper ausbreiten.
2. Lassen Sie sich das Schwingungsfeld Ihrer **Handlungskompetenz** kommen und zentrieren Sie sich ganz bewusst darin. Lassen Sie die Schwingungen auf sich wirken, machen Sie sie sich zu Eigen und nehmen Sie die Schwingungen in alle Zellen Ihres Körpers auf.

Rock Water

Vine

Hounds Tongue

Stieleiche

Einsamkeit

Isolation, Verlassenheit

Einsamkeit kann sehr quälend sein, kommt aber meist durch das Verhalten des Menschen selbst zustande, nämlich durch ein Sich-Zurückziehen vor anderen aus Furcht oder aus Minderwertigkeitsgefühlen. Bach-Blüten können helfen, dieses Verhalten zu ändern.

Bach-Blüten:

Agrimony

Nehmen Sie von der Blütenlösung **Agrimony** viermal täglich je 3 Tropfen. Bei regelmäßiger Einnahme von Agrimony wird Ihnen Ihr Dasein bald mehr Freude machen.

Kalifornische Blütenessenz:

Mallow

Mallow hilft, neue Freundschaften zu schließen. Nehmen Sie davon dreimal täglich 2 Tropfen.

Einheimische Blüten:

Ackerhahnenfuß

Wahlweise können Sie auch von der Butterblume (**Ackerhahnenfuß**, *Ranunculus arvensis*, Blütezeit Mai bis Juli) eine Blütenessenz herstellen und sie verdünnen. Diese Blütenlösung gibt Ihnen Selbstvertrauen und den Mut, auf andere Menschen zuzugehen. Nehmen Sie davon dreimal täglich 3 Tropfen.

Blockierungen lösen:

Spüren Sie beim Auftreten von Einsamkeitsgefühlen in Ihren Körper hinein: Wo sitzt das Gefühl? Wo ist sein Zentrum? Bleiben Sie mit Ihrer Aufmerksamkeit an dieser Stelle und lösen Sie die dortige Blockierung durch Geistige Integration auf (siehe Kapitel 2).

Das Schwingungsfeld ausbauen:

1. Sprechen Sie sich mehrmals am Tage vor: »Ich bin nicht allein.« Oder zitieren Sie vielleicht das Gedicht »Von guten Mächten wunderbar geborgen ...« von Dietrich von Bonhoeffer. Spüren Sie, wie die Schwingungen sich in Ihrem ganzen Körper langsam ausbreiten.
2. Legen Sie sich in das Schwingungsfeld Ihrer **Allverbundenheit**. Zentrieren Sie sich und nehmen Sie die Schwingungen in alle Zellen Ihres Körpers auf.

Eitelkeit

Gefallsucht, Geltungssucht

Eitle Menschen suchen bei anderen Bestätigung, weil sie sich im Grunde unsicher fühlen. Bach-Blüten zeigen, wie man auf anderen Wegen innere Sicherheit erreichen kann.

Bach-Blüten:
Nehmen Sie dreimal täglich je 4 Tropfen von der **Heather**-Lösung. Heather hilft Ihnen, sich weniger mit sich selbst zu beschäftigen und mehr auf andere zuzugehen.

Kalifornische Blütenessenz:
Durch die Einnahme von **Quaking Grass** finden Sie Möglichkeiten, in einer Gemeinschaft mitzutun, ohne sich selbst zu verlieren. Nehmen Sie davon dreimal täglich 2 Tropfen.

Einheimische Blüten:
Stellen Sie sich selbst eine Essenz aus den blauen Blüten der **Wegwarte** (Zichorie) her (Blütezeit Juli bis August) und verdünnen Sie sie nach der Anleitung. Nehmen Sie davon dreimal täglich 4 Tropfen ein. Die Wegwarte hilft Ihnen, sich um andere zu kümmern, ohne ständig Aufmerksamkeit zu erwarten.

Heather

Blockierungen lösen:
Wenn Sie wieder den Wunsch verspüren, sich vor anderen in Szene zu setzen, spüren Sie in Ihren Körper hinein: Wo sitzt dieser Wunsch? Bleiben Sie mit Ihrer ganzen Aufmerksamkeit an dieser Körperstelle. Lösen Sie die dortige Blockierung durch Geistige Integration auf (siehe Kapitel 2).

Das Schwingungsfeld ausbauen:
1. Sprechen Sie sich mehrmals am Tage den Satz vor: »Ich bin gut so, wie ich bin, auch wenn es die anderen nicht merken.«
2. Atmen Sie einige Male tief aus und ein und suchen Sie Ihren Mittelpunkt im Bauch. Legen Sie sich in das Schwingungsfeld Ihrer **Selbstgenügsamkeit** und lassen Sie die Schwingungen in sich wirken, bis Sie ganz mit ihnen verschmolzen sind.

Heather

Quaking Grass

Wegwarte

Ekel

Abscheu

Ekel ist eine Körperreaktion auf bestimmte Sinneseindrücke, d. h. wenn wir etwas Unangenehmes sehen, hören, riechen, schmecken oder fühlen, ergreifen wir z. B. die Flucht oder halten uns die Nase zu. Wir können aber auch stattdessen unsere Wahrnehmung durch eine andere Sichtweise erträglicher machen.

Bach-Blüten:

Crab Apple

Nehmen Sie dreimal täglich je 4 Tropfen von der **Crab-Apple**-Lösung. Crab Apple reinigt und lässt Sie Fremdstoffe als etwas Natürliches erleben.

Kalifornische Blütenessenz:

Manzanita

Die Einnahme von **Manzanita** hilft Ihnen, verständiger mit Ihren Reaktionen umzugehen. Nehmen Sie davon dreimal täglich 2 Tropfen.

Einheimische Blüten:

Hamamelis

Stellen Sie von **Hamamelis**-Blüten (Blütezeit Januar bis Februar) eine Essenz her und verdünnen Sie diese. Nehmen Sie davon dreimal täglich 3 Tropfen. Hamamelis befreit von Irritationen und stabilisiert Ihre Empfindungsfähigkeit.

Blockierungen lösen:

Spüren Sie in Ihren Körper hinein: Wo sitzt das Ekelgefühl? Suchen Sie den genauen Ort und bleiben Sie mit Ihrer Aufmerksamkeit an dieser Körperstelle. Lösen Sie die dortige Blo-ckierung durch Geistige Integration auf (siehe Kapitel 2).

Das Schwingungsfeld ausbauen:

1. Sprechen Sie sich mehrmals am Tage vor: »Ich bin gelassen und ruhe in mir«, oder »Nichts Menchliches ist mir fremd«.
2. Atmen Sie einige Male tief aus und ein. Lassen Sie sich das Schwingungsfeld der **Bejahung alles Seienden** kommen und zentrieren Sie sich darin. Lassen Sie die Schwingungen in sich wirken, bis Sie ganz mit ihnen verschmolzen sind.

Enttäuschung

Bitterkeit

Enttäuschungen beruhen stets auf einer nicht erfüllten Erwartung, die berechtigt oder unberechtigt sein kann. Wenn wir die Erwartung loslassen, verschwindet mit Sicherheit auch die Enttäuschung.

Bach-Blüten:

Willow

Nehmen Sie von der Blütenlösung **Willow** fünfmal täglich je 2 Tropfen und behalten Sie diese eine Weile im Mund – möglichst unter der Zunge –, damit sie durch die Mundschleimhaut schneller in den Körper gelangt. Das hilft gegen Verbitterung, wenn Ihnen Unrecht geschehen ist. Suchen Sie mit den Beschreibungen in Kapitel 1 Ihre Langzeit-Blütenlösung.

Kalifornische Blütenessenz:
Garlic ermöglicht eine realistische Erwartungshaltung gegenüber anderen Menschen. Nehmen Sie davon dreimal täglich 2 Tropfen.

Garlic

Einheimische Blüten:
Versuchen Sie es mit einer verdünnten Essenz von **Sonnenblumenblüten** (*Helianthus annuus*). Nehmen Sie dreimal täglich 4 Tropfen ein. Diese Blüten verleihen Ihnen eine Selbstsicherheit, die sich nicht so leicht aus der Fassung bringen lässt.

Sonnenblumen

Blockierungen lösen:
Spüren Sie in Ihren Körper hinein: Wo sitzt das Gefühl der Enttäuschung? Bleiben Sie mit Ihrer Aufmerksamkeit an dieser Körperstelle und lösen Sie die dortige Blockierung durch Geistige Integration auf (siehe Kapitel 2). Beachten Sie, welche Gefühle oder aber auch Gedanken dabei frei werden.

Das Schwingungsfeld ausbauen
1. Sprechen Sie sich vor: »Mein Wesen ist unverletzbar«, oder »Ich werde beschützt«, oder einen anderen Satz, der Ihnen bei der Geistigen Integration aufgetaucht ist.
2. Lassen Sie das Feld Ihrer nicht gelebten **inneren Kraft** kommen, legen Sie sich hinein wie in ein Bad, zentrieren Sie sich und lassen Sie es wirken (siehe Kapitel 2).
3. Lässt sich anstelle der Enttäuschung bei einem neuen Versuch vielleicht ein besseres Ergebnis erreichen? Dann planen Sie entsprechend.

Erschöpfung

Mattigkeit

Erschöpfung entsteht durch die Verausgabung aller körperlichen oder nervlichen Kräfte. Bach-Blüten können helfen, diese Kräfte wieder aufzubauen.

Bach-Blüten:
Ein gutes Mittel zum Wiederaufbau Ihrer Kräfte ist **Olive**. Nehmen Sie davon viermal täglich je 3 Tropfen. Auch **Elm**, in der gleichen Dosierung eingenommen, verhilft zur Steigerung Ihrer Leistungsfähigkeit.

Olive

Elm

Kalifornische Blütenessenzen:
Aloe Vera lässt neue Tatkraft wachsen, **Garlic** spendet Kraft und Vitalität. Nehmen Sie davon dreimal täglich 2 Tropfen.

Aloe Vera
Garlic

Einheimische Blüten:
Stellen Sie sich eine Essenz aus **Heckenrosen**blüten her (*Rosa canina*, Blütezeit Juni), verdünnen Sie sie und

Heckenrose

nehmen Sie davon dreimal täglich 3 Tropfen. Diese Blüten spenden insbesondere Zuversicht.

Blockierungen lösen:

Rock Water

Spüren Sie in Ihren Körper hinein: Wo sitzt die Erschöpfung? In der Brust, in den Armen, in den Beinen, im Rücken? Bleiben Sie mit Ihrer Aufmerksamkeit an dieser Körperstelle und lösen Sie die dortige Blockierung durch Geistige Integration auf (siehe Kapitel 2).

Das Schwingungsfeld ausbauen:

1. Sprechen Sie sich mehrmals am Tage vor: »Ich erhole mich«, oder »Ich schlafe mich gesund«, oder »In mir wächst Kraft«. Vielleicht finden Sie einen noch passenderen Satz. Spüren Sie, wie sich seine Schwingungen im Körper ausbreiten.

Rock Water

2. Lassen Sie sich das Schwingungsfeld Ihrer **Vitalität** kommen, legen Sie sich hinein und integrieren Sie es in Ihren Körper.

Essstörungen

Manzanita

Mariposa Lily

Anorexia, Appetitlosigkeit, Bulimie

Allen Essstörungen liegt ein gestörtes Verhältnis zum eigenen Körper zugrunde. Es besteht der Wunsch, diesen Körper zu verändern. Wenn wir unser seelisches Gleichgewicht wieder finden, haben wir auch Frieden mit unserem Körper.

Bach-Blüten:

Nehmen Sie von der Blütenlösung **Rock Water** viermal täglich jeweils 3 Tropfen. Rock Water bewirkt, dass Sie Ihre eingefahrenen Verhaltensmuster loslassen können.

Kalifornische Blütenessenzen:

Manzanita hilft Ihnen, für die Grundbedürfnisse Ihres Körpers zu sorgen. **Mariposa Lily** harmonisiert Ihre Gefühle und löst alte Ressentiments, die Ihren Essstörungen zugrunde liegen. Nehmen Sie jeweils dreimal täglich 2 Tropfen.

Einheimische Blüten:
Stellen Sie sich selbst eine Essenz aus **Rainfarn**blüten her und verdünnen Sie sie nach der Anleitung. Nehmen Sie davon dreimal täglich 4 Tropfen ein. Rainfarn blüht von Juli bis September und hilft Ihnen, sich neu zu orientieren.

Blockierungen lösen:
Vermutlich fühlen Sie den Kern Ihrer Beschwerden im Magen, vielleicht auch im Bauch, in der Kehle oder im Rücken. Spüren Sie in Ihren Körper hinein und stellen Sie den genauen Ort fest, von dem die Beschwerden ausgehen. Bleiben Sie mit Ihrer Aufmerksamkeit an dieser Körperstelle. Lösen Sie die dortige Blockierung durch Geistige Integration auf (siehe Kapitel 2).

Das Schwingungsfeld ausbauen:
1. Sprechen Sie sich täglich mehrmals vor: »Ich sorge für meinen Körper. Ich schaffe ihm eine angenehme Form.«
Spüren Sie, wie die Schwingungen dieses Satzes sich in Ihrem Inneren ausbreiten.
2. Legen Sie sich in das Energiefeld Ihrer bisher nicht gelebten **inneren Ruhe und Zufriedenheit**. Spüren Sie, wie diese umfassende Beruhigung sich in Ihrem Körper ausbreitet. Wiederholen Sie die Übung täglich.

Rainfarn

Fanatismus

Rücksichtslosigkeit, Verbissenheit

Fanatismus ist blind und zwanghaft auf ein Ziel ausgerichtet, ohne die realen Umstände zu berücksichtigen. Bach-Blüten können helfen, das Blickfeld zu erweitern.

Vervain

Bach-Blüten:
Nehmen Sie von der Blütenlösung **Vervain** dreimal täglich je 4 Tropfen. Dadurch wird Ihre Willensanspan-

Vervain

nung gelockert. Um Ihre Beharrlichkeit ins Positive zu wandeln, nehmen Sie **Vine** in der oben angegebenen Dosierung.

Vine

Kalifornische Blütenessenz:
Cayenne hilft Ihnen, aus einer allzu starren Haltung herauszukommen und Ihre Zielstrebigkeit konstruktiv einzusetzen. Nehmen Sie dreimal täglich 2 Tropfen.

Cayenne

Einheimische Blüten:
Sie können sich die Vervain-Essenz auch selbst herstellen aus **Eisenkraut** (*Verbena officinalis*). Diese Pflanze blüht zwischen Juli und Oktober. Verdünnen Sie die Essenz nach Vorschrift (siehe Kapitel 1) und nehmen Sie davon dreimal täglich 3 Tropfen.

Eisenkraut

Blockierungen lösen:
Spüren Sie in Ihren Körper hinein, wenn Sie merken, dass Sie zu sehr auf ein Ziel fixiert sind: Wo sitzt diese Fixierung? Orten Sie den genauen Punkt und bleiben Sie mit Ihrer Aufmerksamkeit an dieser Körperstelle. Lösen Sie die dortige Blockierung durch Geistige Integration auf (siehe Kapitel 2).

Das Schwingungsfeld ausbauen:
1. Sprechen Sie sich mehrmals am Tage vor: »Ich kann gut andere Möglichkeiten gelten lassen«, oder »Ich kann auch auf anderen Wegen zum Ziel kommen.« Vielleicht finden Sie auch einen noch besseren anderen Satz, der auf Ihre Situation passt. Lassen Sie den Klang der Worte intensiv in sich wirken.
2. Legen Sie sich in das Schwingungsfeld Ihrer angeborenen **Flexibilität**. Zentrieren Sie sich und spüren Sie, wie die Flexibilität sich in Ihrem Körper ausbreitet.

Gedächtnisschwäche

Vergesslichkeit, Wortfindungsprobleme

Wir alle haben immer wieder Schwierigkeiten, Informationen im Gedächtnis zu speichern und auch wieder abzurufen. Das kann seelische oder körperliche Ursachen haben. Bei starken oder länger anhaltenden Gedächtnisproblemen sollte ein Arzt aufgesucht werden.

Bach-Blüten:
Nehmen Sie von der Blütenlösung **Chestnut Bud** dreimal täglich je 4 Tropfen ein. Auf die Dauer werden Sie mit Hilfe dieser Bach-Blüten alles, was Sie sich merken wollen, besser behalten.

Chestnut Bud

Kalifornische Blütenessenz:
Madia stärkt das Konzentrationsvermögen. Nehmen Sie davon dreimal täglich 2 Tropfen ein.

Einheimische Blüten:
Stellen Sie von den Blüten wild wachsender **Margeriten** eine Essenz her und verdünnen Sie diese. Nehmen Sie davon dreimal täglich 3 Tropfen.

Blockierungen lösen:
Vermutlich denken Sie, dass Ihre Vergesslichkeit im Kopf sitzt. In diesem Fall lösen Sie dort **keine** Blockierung! Die Gehirnströme im Kopf sind so vielfältig und fein abgestimmt, dass der Laie dort ungewollt Verwirrung stiften könnte.

Das Schwingungsfeld ausbauen:
1. Sprechen Sie sich mehrmals am Tage vor: »Mir fällt das Erinnern leicht«, oder »Mir sind alle in meinem Gehirn gespeicherten Informationen verfügbar«, oder einen ähnlichen für Sie stimmigen Satz. Spüren Sie den Schwingungen dieses Satzes in Ihrem Körper nach, lassen Sie den Klang der Worte auf sich wirken.
2. Legen Sie sich in das Schwingungsfeld Ihrer **Geistesgegenwart**. Bewegen Sie sich darin ein wenig hin und her, zentrieren Sie sich und lassen Sie die Schwingungen in allen Zellen Ihres Körpers wirken.

Chestnut Bud

Grippe

Erkältung, Infektionskrankheiten

Grippe ist eine Infektionskrankheit mit Kopfschmerzen, Erkältungserscheinungen und Gliederschmerzen. Sie muss durch einen Arzt behandelt werden. Bach-Blüten können lindernd wirken.

Bach-Blüten:
Mischen Sie die Blütenlösungen **Olive** und **Walnut** – für die Regeneration der Kräfte – zu gleichen Teilen und nehmen Sie davon viermal täglich je 3 Tropfen.

Madia

Margerite

Olive
Walnut

Kalifornische Blütenessenz:

Echinacea

Echinacea stärkt das Immunsystem. Nehmen Sie davon dreimal täglich 2 Tropfen.

Einheimische Blüten:

Hundskamille

Stellen Sie von den Blüten der wild wachsenden **Hundskamille** eine Essenz her und verdünnen Sie diese (Blütezeit Mai bis September). Nehmen Sie davon dreimal täglich 3 Tropfen. Die Kamille löst Spannungen, beruhigt und schenkt Ihnen Schlaf.

Blockierungen lösen:

Centaury

Spüren Sie in Ihren Körper hinein: Wo sitzen die quälendsten Beschwerden? Das können an verschiedenen Tagen verschiedene Stellen sein, z. B. im Kopf, im Hals, in den Bronchien. Suchen Sie das Zentrum der Beschwerden und bleiben Sie mit Ihrer Aufmerksamkeit an dieser Körperstelle. Lösen Sie die dortige Blockierung durch Geistige Integration auf (siehe Kapitel 2).

Das Schwingungsfeld ausbauen:

1. Sprechen Sie sich mehrmals am Tage vor: »Ich erhole mich schnell, ich bin im Kern gesund«, oder »Mein Körper geht durch einen Reinigungsprozess.« Spüren Sie den Schwingungen dieser Worte nach.
2. Legen Sie sich in das Schwingungsfeld Ihres **Urvertrauens**. Spüren Sie die Wärme unter Ihrem Rücken und in Ihrem Hinterkopf. Falls Sie bettlägerig sind, bleiben Sie in diesem Schwingungsfeld.

Gutmütigkeit

Nachgiebigkeit

Wenn Sie regelmäßig um des lieben Friedens willen oder um anderen eine Freude zu machen, Ihre eigenen Wünsche und Interessen zurückstellen, müssen Sie sich fragen, ob Sie sich nicht allzu leicht von ihren Mitmenschen manipulieren lassen.

Bach-Blüten:
Centaury hilft Ihnen, auch einmal *nein* zu sagen und für sich selbst zu sorgen. **Walnut** stärkt Sie in Ihrer Persönlichkeit und Ihren eigenen Vorhaben. Nehmen Sie davon dreimal täglich je 4 Tropfen.

Kalifornische Blütenessenz:
Mountain Pride hilft Ihnen, einen eigenen Standpunkt einzunehmen und Ihre eigenen Entscheidungen zu treffen.

Einheimische Blüten:
Stellen Sie sich eine Essenz von den Blüten des **Roten Wiesenklees** her (Blütezeit Juni bis Oktober), verdünnen Sie sie und nehmen Sie dreimal täglich 3 Tropfen. Rotklee lässt Sie die Kontrolle behalten, sodass Sie keine voreiligen Zusagen machen.

Blockierungen lösen:
Spüren Sie in Ihren Körper hinein, wenn Sie merken, dass Sie nicht Ihrer eigenen inneren Führung folgen, sondern einem anderen Menschen. Wie fühlen Sie sich dabei? Wo sitzt der Kern Ihres Unbehagens? Orten Sie den genauen Punkt und bleiben Sie mit Ihrer Aufmerksamkeit an dieser Körperstelle. Lösen Sie die dortige Blockierung durch Geistige Integration auf (siehe Kapitel 2).

Das Schwingungsfeld ausbauen:
1. Sprechen Sie sich mehrmals am Tage vor: »Ich bestimme meine Ziele selbst.« Vielleicht finden Sie einen anderen Satz, der Ihrer Situation noch besser entspricht. Spüren Sie beim Sprechen, wie die Schwingungen sich in Ihrem Körper ausbreiten.
2. Lassen Sie sich das Schwingungsfeld Ihrer **Eigenwilligkeit** kommen und legen Sie sich hinein. Zentrieren Sie sich und nehmen Sie die Schwingungen in sich auf. Wiederholen Sie diese Übung täglich.

Härte

Wir sprechen von Härte, wenn ein Mensch etwas gegen Widerstände durchsetzt – bei sich selbst oder anderen. Aber muss man immer mit dem Kopf durch die Wand? Manchmal kommt man auf einem kleinen Umweg leichter zum Ziel.

Bach-Blüten:
Bei zu viel Härte gegen sich selbst nehmen Sie dreimal täglich 4 Tropfen **Rock Water**. Bei Härte gegen andere ist **Vine** das beste Mittel. Nehmen Sie es in der gleichen Dosierung.

Kalifornische Blütenessenzen:
Dogwood verhilft zu mehr Weichheit und Sanftmut. **Larkspur** kann

Centaury
Walnut
Mountain Pride
Roter Wiesenklee
Rock Water
Vine
Dogwood
Larkspur

Vine

bewirken, dass Sie andere Menschen mit Herz und Verstand anleiten und führen. Nehmen Sie davon dreimal täglich 2 Tropfen.

Einheimische Blüten:
Stellen Sie von den Blüten wild wachsender **Kamille** (Hundskamille, Blütezeit Mai bis September) eine Essenz her und verdünnen Sie diese. Nehmen Sie davon dreimal täglich 3 Tropfen. Kamille entspannt und löst verhärtete Strukturen auf.

Kamille

Blockierungen lösen:
Spüren Sie in Ihren Körper hinein: Wo fühlen Sie, dass Sie hart sein müssen? Stellen Sie den genauen Ort fest und bleiben Sie mit Ihrer Aufmerksamkeit an dieser Körperstelle. Lösen Sie die dortige Blockierung durch Geistige Integration auf (siehe Kapitel 2).

Das Schwingungsfeld ausbauen:
1. Sprechen Sie sich mehrmals am Tage vor: »Ich kann auch lockerlassen«, oder »Ich habe Verständnis für meine Bedürfnisse und die anderer Personen.« Vielleicht finden Sie noch einen anderen Satz, der Ihrer Situation besser entspricht. Spüren Sie seine Schwingungen in Ihrem Körper. Lassen Sie sich das Schwingungsfeld Ihres **Anpassungsvermögens** kommen. Legen Sie sich hinein, zentrieren Sie sich und lassen Sie die Schwingungen in sich einströmen. Wiederholen Sie diese Übung täglich.

Hauterkrankungen

Akne, Ausschlag, Ekzeme, Furunkel, Geschwüre

Meist weiß der Mensch nicht, warum gerade zu diesem Zeitpunkt diese bestimmte Hautkrankheit bei ihm auftritt. Wenn sie länger andauert und nicht verheilt, suchen Sie unbedingt einen Arzt auf. Die hier empfohlenen Bach-Blüten wirken lindernd und beruhigend.

Bach-Blüten:
Nehmen Sie von der Blütenlösung **Crab Apple** fünfmal täglich je 2 Tropfen. Crab Apple reinigt nachhaltig den Körper.

Kalifornische Blütenessenzen:
Black eyed Susan ist eine kalifornische Art des Sonnenhuts und bringt seelische Probleme nach außen, auf welche oft Hautkrankheiten zurückzuführen sind. **Self Heal** stärkt die Selbstheilungskräfte. Nehmen Sie davon dreimal täglich 2 Tropfen.

Einheimische Blüten:
Stellen Sie sich selbst eine Essenz aus wild wachsendem **Heidekraut** her (*Calluna vulgaris*, Blütezeit Juli bis September). Nehmen Sie dreimal täglich 3 Tropfen von der verdünnten Essenz. Dadurch gewinnen Sie ein besseres Verhältnis zu sich selbst.

Blockierungen lösen:
Atmen Sie zunächst mehrmals tief aus und ein und kommen Sie zur Ruhe. Versuchen Sie zu ergründen, wo der Ausgangspunkt Ihrer Beschwerden liegt und lösen Sie die dortige Blockierung durch Geistige Integration (siehe Kapitel 2). Falls Sie den Ausgangspunkt nicht finden, verzichten Sie auf das Lösen von Blockierungen.

Das Schwingungsfeld ausbauen:
1. Sprechen Sie sich mehrmals täglich vor: »Dem Reinen ist alles rein«, oder »Ich habe alle Verunreinigungen ausgeschieden.« Vielleicht finden Sie einen noch passenderen Satz, der Sie innerlich zur Ruhe kommen lässt. Spüren Sie intensiv seinen Schwingungen nach.
2. Lassen Sie sich das Schwingungsfeld Ihrer angeborenen **Reinheit** kommen und legen Sie sich hinein. Lassen Sie die Schwingungen in Ihren Körper ein und spüren Sie, wie sie sich ausbreiten.

Crab Apple

Black eyed Susan

Self Heal

Heidekraut

Hemmungen

Hemmungen sind eine Form der Unsicherheit. Sie lassen sich meist durch mehrfaches Durchspielen und Üben der Angst-Situation beseitigen. Bach-Blüten helfen, indem sie das Selbstvertrauen stärken.

Larch

Bach-Blüten:
Mischen Sie die Blütenlösungen **Larch** und **Water Violet** und nehmen Sie dreimal täglich je 4 Tropfen davon ein. Diese Mischung gibt Ihnen mehr Sicherheit und Selbstvertrauen und hilft Ihnen, sich anderen mitzuteilen.

Larch
Water Violet

Kalifornische Blütenessenz:
Durch die Einnahme von **Mallow** bekommen Sie ein Bewusstsein Ihres eigenen Wertes und können so besser auf andere zugehen. Nehmen Sie davon dreimal täglich 2 Tropfen.

Mallow

Einheimische Blüten:
Wahlweise können Sie von der Butterblume (**Ackerhahnenfuß**, *Ranunculus arvensis*, Blütezeit Mai bis Juli) eine Blütenessenz herstellen und sie verdünnen. Sie gibt Selbstvertrauen und Mut, mit anderen in Kontakt zu treten. Nehmen Sie davon dreimal täglich 3 Tropfen.

Ackerhahnenfuß

Blockierungen lösen:
Spüren Sie beim Auftreten der Hemmungen in Ihren Körper hinein: Wo sitzt diese Blockierung? Suchen Sie den genauen Ort und bleiben Sie mit Ihrer Aufmerksamkeit an dieser Körperstelle. Lösen Sie die Blockierung durch Geistige Integration auf (siehe Kapitel 2).

Das Schwingungsfeld ausbauen:
1. Sprechen Sie sich mehrmals am Tage vor: »Ich habe Wesentliches mitzuteilen«, oder »Die anderen werden mir gern zuhören«.
2. Lassen Sie sich das Schwingungsfeld Ihres **Selbstvertrauens** kommen und lassen Sie die Schwingungen in sich wirken, bis Sie ganz mit ihnen verschmolzen sind.

Herpes

Lippenbläschen

Herpes wird durch ein Virus hervorgerufen und kann an Lippen und Nase auftreten. Ernstere Formen an den Geschlechtsteilen oder in der Taille (als Gürtelrose) müssen vom Arzt behandelt werden. Welche seelischen Zustände Herpes begünstigen, ist noch nicht ausreichend erforscht, daher werden hier allgemein entspannende und ausgleichende Mittel empfohlen.

Bach-Blüten:
Nehmen Sie dreimal täglich je 4 Tropfen von der **Agrimony**-Lösung. Agrimony hilft Ihnen, das energetische Ungleichgewicht in Ihrem Körper auszugleichen.

Agrimony

Aspen – in derselben Dosis eingenommen – erleichtert es Ihnen, sich

Aspen

mit Irritationen auseinander zu setzen, die sich letztendlich auf Ihren Körper auswirken.

Kalifornische Blütenessenz:
Durch die Einnahme von **Pansy** wird das Herpes-Virus geschwächt. Nehmen Sie davon dreimal täglich 2 Tropfen.

Pansy

Einheimische Blüten:
Stellen Sie von den Blüten wild wachsender **Kamille** (Hundskamille, Blütezeit Mai bis September) eine Essenz her und verdünnen Sie diese. Nehmen Sie von dieser Blütenlösung dreimal täglich 3 Tropfen. Kamille beruhigt und löst innere Spannungen auf.

Kamille

Blockierungen lösen:
Unterdrücken Sie irgendetwas, was Sie beunruhigt? Spüren Sie in Ihren Körper hinein: Wo sitzt dieses unterdrückte Gefühl? Suchen Sie den genauen Ort und bleiben Sie mit Ihrer Aufmerksamkeit an dieser Körperstelle. Lösen Sie die dortige Blockierung durch Geistige Integration auf (siehe Kapitel 2).

Das Schwingungsfeld ausbauen:
1. Sprechen Sie sich mehrmals am Tage vor: »Ich bin gelassen und ruhe in mir«.
2. Atmen Sie einige Male tief aus und ein. Lassen Sie sich das Schwingungsfeld Ihrer **unversehrten Ganzheit** kommen und zentrieren Sie sich darin. Lassen Sie die Schwingungen in sich wirken, bis Sie ganz mit ihnen verschmolzen sind.

Herzbeschwerden

Bei Herzbeschwerden ist in jedem Falle ein Arzt hinzuzuziehen, sei es, dass sie organische Ursachen haben oder nervöser Natur sind. Bach-Blüten können vor allem die begleitenden Angstgefühle lindern.

Bach-Blüten:
Bei akuten Herzbeschwerden helfen die **Rescue-Tropfen** zur Entspannung. Während der Erholungsphase nehmen Sie von der Blütenlösung **Olive** fünfmal täglich je 2 Tropfen. Olive gibt Ihnen Kraft zur Überwindung der Schwierigkeiten.

Rescue-Tropfen

Olive

Kalifornische Blütenessenz:
Self Heal stärkt die Selbstheilungskräfte des Körpers. Nehmen Sie von dieser Blütenlösung dreimal täglich 2 Tropfen.

Self Heal

Einheimische Blüten:
Stellen Sie sich selbst eine Essenz aus den Blüten der **Zitterpappel** (Espe)

Zitterpappel

her. Die Zitterpappel blüht von März bis Mai.
Achten Sie beim Pflücken darauf, dass die Bäume keinen Autoabgasen oder anderen Umweltgiften ausgesetzt sind. Nehmen Sie dreimal täglich je 3 Tropfen von der verdünnten Essenz ein.

Sweet Chestnut

Blockierungen lösen:
Atmen Sie zunächst mehrmals tief aus und ein und kommen Sie zur Ruhe. Wenn Sie Blockierungen in der Umgebung des Herzens finden, lösen Sie diese mit Hilfe der Geistigen Integration (siehe Kapitel 2). Arbeiten Sie nicht am Herzen selber!
Die elektrischen Impulse des Herzens halten den gesamten Kreislauf in Gang und sollen in keiner Weise gestört werden.

Das Schwingungsfeld ausbauen:
1. Sprechen Sie sich mehrmals täglich vor: »Mir ist leicht und frei«, oder »Ich lasse allen Zorn und Groll los«, oder einen anderen Satz, der besser zu Ihrer Situation passt. Spüren Sie den Schwingungen dieses Satzes nach.

Gorse
Sweet Chestnut

2. Lassen Sie sich das Schwingungsfeld Ihrer **Unverletzbarkeit** kommen. Legen Sie sich dann ganz hinein und werden Sie schließlich eins mit den Schwingungen.

Self Heal

Hoffnungslosigkeit

Wenn Sie nicht mehr weiter wissen und keinen Ausweg sehen können, geben Ihnen Bach-Blüten Mut und Zuversicht.

Bach-Blüten:
Mischen Sie die Blütenlösungen **Gorse** (für neue Hoffnung) und **Sweet Chestnut** (für Kraft und Mut) und nehmen Sie fünfmal täglich je 2 Tropfen.

Kalifornische Blütenessenz:
Self Heal unterstützt die Selbstheilungskräfte Ihrer Seele. Nehmen Sie davon dreimal täglich 2 Tropfen.

Einheimische Blüten:
Stellen Sie sich selbst eine Essenz aus wild wachsenden **Heckenrosen**blüten (Hundsrose) her. Die Heckenrose blüht im Juni. Nehmen Sie dreimal täglich je 3 Tropfen von der verdünnten Essenz ein. Die Heckenrose hilft Ihnen, Ihre Lebensfreude wiederzufinden.

Blockierungen lösen:
Atmen Sie zunächst mehrmals tief aus und ein und kommen Sie zur Ruhe.
Spüren Sie in Ihren Körper hinein und suchen Sie das Zentrum Ihrer Hoffnungslosigkeit. Sitzt es in der Brust, im Rücken, in den Schultern oder Oberarmen? Finden Sie den genauen Ort und lösen Sie die dortige Blockierung durch Geistige Integration (siehe Kapitel 2).

Das Schwingungsfeld ausbauen:
1. Sprechen Sie sich mehrmals täglich vor: »Ausgeglichenheit« oder »Morgen wird es besser«. Spüren Sie den Schwingungen dieser Worte nach.
2. Lassen Sie sich das Schwingungsfeld Ihres natürlichen **Lebenswillens** kommen und zentrieren Sie sich darin. Nehmen Sie die Schwingungen wahr und lassen Sie diese sich im Körper ausbreiten.

Hoher Blutdruck

Hypertonie

Heckenrose

Hoher Blutdruck kann körperlich bedingt sein, z.B. durch zu viel Cholesterinablagerungen in den Adern, oder seelisch, z.B. durch Aufregungen. Bach-Blüten wirken vor allem im seelischen Bereich.

Bach-Blüten:
Bei akuten Beschwerden mischen Sie die Blütenlösungen **Cherry Plum** und **Impatiens** miteinander und nehmen Sie dreimal täglich je 4 Tropfen. Dieses Mittel hilft Ihnen, mehr innere Ruhe und Gelassenheit zu gewinnen. Bei regelmäßiger Einnahme von **Oak** können Sie Unabänderliches ohne Aufregung hinnehmen.

Cherry Plum
Impatiens
Oak

Kalifornische Blütenessenz:
Scarlet Monkeyflower bewirkt, dass Sie Ihre unterdrückten Gefühle loslassen können. Nehmen Sie davon dreimal täglich 2 Tropfen.

Scarlet Monkeyflower

Einheimische Blüten:
Stellen Sie sich selbst eine Essenz aus **Jasmin**blüten her. Jasmin blüht im Mai und Juni. Nehmen Sie dreimal täglich 3 Tropfen von der verdünnten Essenz. Sie hilft Ihnen, sich selbst und Ihre Umgebung besser anzunehmen.

Jasmin

Water Violet

Blockierungen lösen:
Atmen Sie zunächst mehrmals tief aus und ein und kommen Sie zur Ruhe. Spüren Sie in Ihren Körper hinein und versuchen Sie, Ihre Blutgefäße mit allen Verästelungen zu spüren. Stellen Sie sich vor, wie diese sich entspannen, bis in die feinsten Kapillaren der Haut. Sie werden merken, dass Ihnen dabei tatsächlich leichter zumute wird.

Das Schwingungsfeld ausbauen:
1. Sprechen Sie sich mehrmals täglich vor: »Ich nehme Abstand und rege mich nicht auf«, oder »Ich bin ausgeglichen und sehe das Leben mit Humor.« Spüren Sie den Schwingungen dieser Sätze nach.
2. Legen Sie sich in das Schwingungsfeld Ihrer **Gelassenheit**. Spüren Sie die Schwingungen in Ihrem ganzen Körper.

Kontaktschwierigkeiten

Verständnisschwierigkeiten, Sprechhemmungen

Water Violet

Wenn Sie häufiger das Gefühl haben, dass andere Menschen Sie nicht verstehen, Sie missverstehen oder Ihnen nicht zuhören, überprüfen Sie zunächst, ob Sie so klar und deutlich

sprechen, dass die anderen Sie akustisch verstehen können. Wenn das der Fall ist, liegt Ihr Problem vielleicht darin, dass Sie nicht die richtigen Worte finden oder den richtigen Tonfall? Bei ernsten Schwierigkeiten sollten Sie einen Sprachtherapeuten aufsuchen. Liegen die Ursachen Ihrer Schwierigkeiten in allgemeiner Unsicherheit oder in Minderwertigkeitsgefühlen, so lesen Sie bitte unter diesen Stichwörtern weiter.

Bach-Blüten:
Nehmen Sie von der Blütenlösung **Water Violet** fünfmal täglich je 2 Tropfen. Water Violet verbessert Ih-

re Fähigkeit, sich anderen Menschen mitzuteilen.

Kalifornische Blütenessenz:
Die Blütenlösung **Dogwood** gibt Ihnen ein Gefühl für Ihren eigenen Wert. Nehmen Sie davon dreimal täglich 2 Tropfen.

Einheimische Blüten:
Stellen Sie sich selbst eine Essenz aus **Petunien**blüten her. Achten Sie darauf, dass diese nicht durch Autoabgase verunreinigt sind. Nehmen Sie dreimal täglich 3 Tropfen von der verdünnten Essenz.

Blockierungen lösen:
Bei Verständigungsschwierigkeiten haben Sie mit hoher Wahrscheinlichkeit Blockierungen im Kehlbereich und im Zwerchfell. Bearbeiten Sie diese mit Hilfe der Geistigen Integration (siehe Kapitel 2).

Das Schwingungsfeld ausbauen:
1. Legen Sie sich in das Feld Ihrer bisher nicht gelebten **Ausdrucksfähigkeit**. Wenn Sie das Feld vollständig spüren, zentrieren Sie sich. Versuchen Sie die Eigenschaften zu benennen, die das Feld Ihnen vermittelt (siehe Kapitel 2).
2. Kleiden Sie die eindrucksvollste Eigenschaft in einen Leitsatz, den Sie sich immer wieder vorsprechen, z.B. »Die Worte kommen mir ganz von selbst. Das Sprechen macht mir Freude. Andere Menschen hören mir in der Regel gerne zu.«

Dogwood

Konzentrationsmangel

Zerstreutheit

Von Konzentrationsmangel sprechen wir, wenn jemand seine Aufmerksamkeit nicht auf einen Gegenstand gerichtet halten kann. Konzentrationsmangel hat körperliche Ursachen, wie z. B. mangelhafte Durchblutung des Gehirns. Oder in der Nahrung fehlen bestimmte Vitamine und Spurenelemente. Deshalb su-

Petunie

Clematis

chen Sie bei anhaltender Konzentrationsschwäche einen Arzt auf.

Bach-Blüten:

Clematis

Nehmen Sie von der Blütenessenz **Clematis** fünfmal täglich je 2 Tropfen. Diese Blüte hilft vor allem bei einer gewissen Verträumtheit, wenn der Patient nicht ganz in der Gegenwart zu leben scheint.

White Chestnut

Entsteht jedoch der Konzentrationsmangel dadurch, dass zu viele Gedanken auf den Menschen einstürmen, so nehmen Sie **White Chestnut** in der oben angegebenen Dosierung.

Kalifornische Blütenessenz:

Indian Pink

Indian Pink verhilft zu Zentrierung und Sammlung. Nehmen Sie davon dreimal täglich 2 Tropfen.

Einheimische Blüten:

Kamille

Rescue-Lösung

Stellen Sie eine Essenz aus **Kamillen**blüten her (Hundskamille, Blütezeit Mai bis September) und nehmen Sie dreimal täglich 4 Tropfen der Lösung (siehe Kapitel 1).

Blockierungen lösen:

1. Fragen Sie sich: »Was behindert meine Konzentration? Was lenkt mich ab? Was blockiert mich? Wo im Körper spüre ich das?« Lösen Sie die Blockierungen mit Hilfe der Geistigen Integration (siehe Kapitel 2).

Das Schwingungsfeld ausbauen:

1. Lassen Sie sich das Feld Ihrer **geistigen Kompetenz** kommen und legen Sie sich genau hinein. Lassen Sie die Energien in sich wachsen.
2. Sprechen Sie sich vor: »Ich bin voll da«, oder »Ich arbeite zielstrebig«, oder suchen Sie sich eigene Reizworte, die Sie die erstrebte Konzentration spüren lassen (siehe Kapitel 2).

Kopfschmerzen

Es gibt viele verschiedene Arten von Kopfschmerzen mit unterschiedlichen Ursachen und Erscheinungsformen. Die folgenden Vorschläge beziehen sich auf den sogenannten Spannungskopfschmerz. Bei häufigen oder länger dauernden Kopfschmerzen suchen Sie in jedem Falle den Arzt auf!

Bach-Blüten:

Bei starken Schmerzen nehmen Sie von der **Rescue-Lösung** fünf- bis zehnmal täglich je 4 Tropfen und behalten Sie diese eine Weile im Mund – möglichst unter der Zunge –, damit die Lösung durch die Mundschleimhaut schneller in den Körper gelangt. Die Rescue-Tropfen wirken stark entspannend und schmerzlindernd.

Suchen Sie anhand der Beschreibungen in Kapitel 1 Ihr Langzeitmittel.

Kalifornische Blütenessenz:
Self Heal unterstützt die Selbstheilungskräfte Ihres Körpers. Nehmen Sie bis zu sechsmal täglich 2 Tropfen.

Einheimische Blüten:
Wahlweise können Sie sich von **Löwenzahn** oder **Lavendel** selbst eine Blütenessenz herstellen. Lavendel reinigt und Löwenzahn befreit den Kopf. Versuchen Sie auch eine Mischung der beiden Lösungen.

Blockierungen lösen:
Wenn Sie häufiger Kopfschmerzen haben, finden Sie heraus, wo im Nacken, im Kiefer, in der Stirn oder der Kehle Blockierungen sitzen. Lösen Sie diese mit Hilfe der Geistigen Integration auf (siehe Kapitel 2).

Das Schwingungsfeld ausbauen:
1. Lassen Sie sich das Schwingungsfeld der **totalen Entspannung** kommen und legen Sie sich hinein.
Spüren Sie, wie außen an Ihrem Hinterkopf Wärme entsteht. Wiederholen Sie diese Übung regelmäßig.
2. Legen Sie die Hände auf den Bauch und sagen Sie: »Ich ruhe in mir.« Fühlen Sie Ihr Ruhezentrum im Bauch. Probieren Sie die Resonanzwörter »Vertrauen«, oder »Ich bin angenommen«, lassen Sie sie in Ihrem Inneren nachklingen.

Kreislaufstörungen

Self Heal

Durchblutungsstörungen, Kalte Füße

Wenn Teile des Körpers nicht genügend durchblutet werden, kann sich das als Kältegefühl, durch eine blasse Hautfarbe, ein Flimmern vor den Augen oder als Schwindelgefühl bemerkbar machen.

Löwenzahn
Lavendel

Bach-Blüten:
Nehmen Sie von der Blütenlösung **Clematis** fünfmal täglich je 2 Tropfen und behalten Sie diese eine Weile im Mund – möglichst unter der Zunge –, damit die Lösung durch die Mundschleimhaut schneller in den Körper gelangt. Clematis hilft, wenn allgemein langsame Reaktionen auftreten. Handelt es sich um eine akute Kreislaufschwäche infolge körperlicher Erschöpfung, so gibt Olive neue geistige Frische.
Prüfen Sie anhand der Blütenbeschreibungen in Kapitel 1, ob eine der oben genannten Blütenlösungen Ihr Langzeitmittel sein kann.

Clematis

Kalifornische Blütenessenzen:
Garlic oder **Tansy** fördern Vitalität und Lebenskraft. Nehmen Sie von dieser Blütenlösung dreimal täglich 2 Tropfen.

Garlic
Tansy

Einheimische Blüten:
Heckenrose
Sie können sich selbst aus wilden **Heckenrosen**blüten (Hundsrose, *Rosa canina*, Blütezeit Juni) eine Essenz herstellen und von der verdünnten Lösung dreimal täglich vier Tropfen einnehmen.

Blockierungen lösen:
Die energetische Unterversorgung hängt häufig mit einer Blockierung im unteren Bereich der Wirbelsäule zusammen. Versuchen Sie, diese Blockierung zu finden, und lösen Sie sie durch geistige Integration auf (vgl. Kapitel 2).

Beech
Vine

Das Schwingungsfeld ausbauen:
1. Sprechen Sie sich vor: »Ich bin standhaft«, oder »Ich habe festen Boden unter den Füßen«, oder »Ich stehe mit beiden Beinen auf dem Boden.« Suchen Sie einen eigenen, noch wirksameren Satz (vgl. dazu auch Kapitel 2).
2. Legen Sie sich in das Schwingungsfeld Ihres **gut durchbluteten Körpers**. Falls ein bestimmter Körperteil schlecht durchblutet ist, arbeiten Sie mit dem Schwingungsfeld dieses Körperteils: »Ich lege mich in das Schwingungsfeld meiner gut durchbluteten Beine«, oder etwas Ähnliches. Langfristig belebt sich durch diese Übungen Ihr Schwingungsfeld so, dass sämtliche Körperteile warm und gut versorgt sind.

Larkspur

Kritiklust

Besserwisserei, Rechthaben-Wollen

Gewohnheitsmäßiges Kritisieren ist oft mit einem Gefühl der Überlegenheit verbunden, d. h. wir verschaffen uns ein Stück Selbstbewusstsein auf Kosten anderer. Bach-Blüten verhelfen zu mehr Mitmenschlichkeit.

Bach-Blüten:
Mischen Sie die Blütenlösungen **Beech** und **Vine** miteinander und nehmen Sie dreimal täglich je 4 Tropfen. Dieses Mittel verhilft Ihnen zu mehr Toleranz und Großzügigkeit. Behalten Sie die Tropfen eine Weile im Mund – möglichst unter der Zunge –, damit die Lösung durch die Mundschleimhaut schneller in den Körper gelangt.
Prüfen Sie mit Hilfe von Kapitel 1, ob eine der oben genannten Blütenlösungen Ihr Langzeitmittel sein kann.

Kalifornische Blütenessenz:
Larkspur macht großzügig und gesteht den anderen eigenverantwortliches Handeln zu. Nehmen Sie dreimal täglich 2 Tropfen.

Einheimische Blüten:
Stellen Sie sich selbst eine Essenz aus **Eisenkraut**blüten (*Verbena officinalis*) her. Eisenkraut blüht von Juli bis Oktober. Nehmen Sie dreimal täglich je 3 Tropfen von der verdünnten Essenz. Sie hilft Ihnen, den Blickwinkel anderer zu verstehen, Vorurteile verblassen oder verschwinden.

Blockierungen lösen:
Atmen Sie zunächst mehrmals tief aus und ein und kommen Sie zur Ruhe. Spüren Sie in Ihren Körper hinein und versuchen Sie, die Stelle zu finden, an der Ihre Kritiklust sich konzentriert. Bleiben Sie mit Ihrer Aufmerksamkeit an dieser Stelle und lösen Sie die dortige Blockierung durch Geistige Integration auf.

Das Schwingungsfeld ausbauen:
1. Sprechen Sie sich mehrmals am Tage vor: »Ich lasse die anderen ihren eigenen Weg finden«, oder »Ich lasse den anderen Raum, um selbständig zu werden.«
2. Lassen Sie sich das Schwingungsfeld Ihres **Vertrauens in die Wachstumsenergie** kommen, die es jedem Menschen ermöglicht, eigene Problemlösungen zu entwickeln. Legen Sie sich in das Zentrum des Feldes und nehmen Sie dessen Schwingungen in sich auf.

Kummer

Traurigkeit

Eisenkraut

Kummer ist ein tief gehender seelischer Schmerz, der unser ganzes Lebensgefühl beeinflusst. Bach-Blüten helfen, die Ursachen der Trauer zu verarbeiten.

Bach-Blüten:
Wenn Sie dazu neigen, Ihren Kummer vor anderen zu verbergen, nehmen Sie von der **Agrimony**-Lösung dreimal täglich je 4 Tropfen und behalten Sie diese eine Weile im Mund – möglichst unter der Zunge –, damit die Lösung durch die Mundschleimhaut schneller in den Körper gelangt. Dieses Mittel wirkt entspannend und hilft Ihnen, Ihre Nöte nach außen zu bringen.

Agrimony

Die Blütenlösung von **Star of Bethlehem** entspannt ebenfalls und hüllt Sie in Wärme ein wie in einen Kokon, sodass Ihr Schmerz besser zu ertragen ist.

Star of Bethlehem

Überlegen Sie anhand der Beschreibungen in Kapitel 1, ob eine der oben genannten Blütenlösungen Ihr Langzeitmittel ist.

Kalifornische Blütenessenz:
Borage hilft Ihnen, Distanz zur eigenen Situation und Vertrauen in die ei-

Borage

gene Kraft zu gewinnen. Nehmen Sie davon dreimal täglich 2 Tropfen.

Einheimische Blüten:
Stellen Sie sich selbst eine Essenz aus

Heckenrose

wild wachsenden **Heckenrosen**blüten (Hundsrose) her und verdünnen Sie sie nach der Anleitung. Die Heckenrose blüht im Juni. Nehmen Sie dreimal täglich je 3 Tropfen von der verdünnten Essenz ein. Sie hilft Ihnen, Mut und auch Lebensfreude wiederzufinden.

Hornbeam

Blockierungen lösen:
Spüren Sie in Ihren Körper hinein und finden Sie die Stelle, wo der seelische Schmerz sitzt.
Lösen Sie die dortige Blockierung mit Hilfe der Geistigen Integration auf (siehe Kapitel 2).

Hornbeam

Das Schwingungsfeld ausbauen:
1. Sprechen Sie sich mehrmals täglich vor: »Ich lasse den Schmerz los«, »Ich werde getröstet«, oder einen ähnlichen Satz, der Ihnen in Ihrer Situation besser hilft. Spüren Sie, wie Ihr Körperzustand sich dabei allmählich verändert.
2. Lassen Sie sich das Schwingungsfeld der totalen **Annahme Ihres Schmerzes** kommen, zentrieren Sie sich darin und spüren Sie intensiv die Schwingungen.

Langsamkeit

Schwerfälligkeit, Trägheit

Jeder Mensch hat sein persönliches Denk- und Handlungstempo. Wenn jemandem manchmal das Handeln schwerfällt, so kann eine Krankheit oder ein seelisches Problem die Ursache sein. In solchen Fällen sollte ein Arzt oder Therapeut zu Rate gezogen werden.

Bach-Blüten:
Nehmen Sie von einer **Hornbeam**-Lösung dreimal täglich je 4 Tropfen und behalten Sie diese eine Weile im Mund – möglichst unter der Zunge –, damit die Lösung durch die Mund-

schleimhaut schneller in den Körper gelangt. Dieses Mittel gibt Ihnen mehr Entschlossenheit, Antriebskraft und Wachheit.
Suchen Sie anhand der Beschreibungen in Kapitel 1 Ihr Langzeitmittel.

Kalifornische Blütenessenz:
Peppermint steigert Ihre Vitalität und Beweglichkeit. Nehmen Sie von dieser Blütenlösung dreimal täglich 2 Tropfen.

Einheimische Blüten:
Stellen Sie sich selbst eine Essenz aus **Rainfarn**blüten her und verdünnen Sie sie nach der Anleitung. Nehmen Sie davon dreimal täglich 4 Tropfen ein.
Rainfarn blüht von Juli bis September und hilft Ihnen, interessiert und aktiv am Leben teilzunehmen.

Blockierungen lösen:
Spüren Sie in Ihren Körper hinein und finden Sie die Stelle, wo Ihre Schwerfälligkeit sitzt. Bleiben Sie mit Ihrer Aufmerksamkeit dort und lösen Sie die Blockierung mit Hilfe der Geistigen Integration auf (siehe auch Kapitel 2.)

Das Schwingungsfeld ausbauen:
1. Sprechen Sie sich mehrmals täglich vor: »Ich bin leicht und beweglich«, oder einen ähnlichen Satz, der Ihr Wunschverhalten besser ausdrückt. Spüren Sie die Schwingungen, die dabei Ihren ganzen Körper durchziehen.
2. Lassen Sie sich das Schwingungsfeld Ihrer angeborenen **Beschwingtheit** kommen und legen Sie sich hinein. Lassen Sie sich von den neuen Energien umspülen, nehmen Sie die Energien in sich auf und machen Sie sich das neue Körpergefühl zu Eigen.

Peppermint

Rainfarn

Lebenskrisen

Midlife-Crisis

Wenn Sie vor der Frage stehen, ob Sie Ihrem Leben eine ganz neue Richtung geben sollen und was eigentlich der Sinn Ihres Lebens ist, dann brauchen Sie alle verfügbaren Hilfsmittel, um die richtige Antwort auf diese entscheidenden Fragen zu finden.

Bach-Blüten:
Nehmen Sie von der Blütenlösung **Star of Bethlehem** fünfmal täglich je 2 Tropfen. Star of Bethlehem lässt Sie Ihren Wesenskern erkennen. **Willow** – in derselben Dosierung eingenommen – hilf Ihnen, aktiv die Verantwortung für Ihren weiteren Lebensweg zu übernehmen.

Star of Bethlehem

Willow

Kalifornische Blüten:

Chrysanthemum

Chrysanthemum nimmt die Angst vor Umstellungen und vor dem Älterwerden. Nehmen Sie davon dreimal täglich 2 Tropfen.

Einheimische Blüten:

Hamamelis

Nehmen Sie dreimal täglich 4 Tropfen von einer selbst hergestellten und nach der Anleitung verdünnten Essenz aus **Hamamelis**blüten. (Blütezeit Januar bis Februar.) Hamamelis wirkt lösend, kraftspendend und vor allem stabilisierend.

Blockierungen lösen:

Schauen Sie nach innen: Was behindert Sie in Ihren Entscheidungen? Wo fühlen Sie sich blockiert? Wenn Sie die Stelle gefunden haben, lösen Sie die dortige Blockierung durch Geistige Integration auf (siehe auch Kapitel 2).

Das Schwingungsfeld ausbauen:

Elm

1. Sprechen Sie sich mehrmals täglich vor: »Ich bestimme die Richtung für mein Leben«, oder finden Sie einen ähnlichen Satz, der Sie bestärkt, und spüren Sie den Schwingungen Ihres Satzes nach.
2. Legen Sie sich in das Schwingungsfeld **Ihres Lebensziels** und nehmen Sie die Schwingungen in jede Körperzelle auf.

Lernschwierigkeiten

Lernschwierigkeiten können beim Auffassen, beim Verstehen, beim Behalten oder in der praktischen Anwendung des Gelernten auftreten. Bach-Blüten können in all diesen Fällen helfen. Lesen Sie auch unter »Gedächtnisschwäche« und »Konzentrationsmangel« nach.

Bach-Blüten:

Chestnut Bud

Nehmen Sie von einer **Chestnut-Bud**-Lösung dreimal täglich jeweils 4 Tropfen und behalten Sie diese eine Weile im Mund – möglichst unter der Zunge –, damit die Lösung durch die Mundschleimhaut schneller in den Körper gelangt. Dieses Mittel hilft Ihnen, genau zu beobachten und aus Fehlern zu lernen. **Elm** – in derselben Dosierung eingenommen – verschafft Ihnen einen Überblick und hilft Ihnen dabei, das Wesentliche vom Unwesentlichen zu unterscheiden.

Überlegen Sie anhand der Beschreibungen in Kapitel 1, ob eine der oben genannten Blütenlösungen Ihr Langzeitmittel ist.

Kalifornische Blütenessenz:
Shasta Daisy begünstigt gezieltes, systematisches Lernen. Nehmen Sie davon dreimal täglich 2 Tropfen.

Einheimische Blüten:
Stellen Sie sich selbst eine Essenz aus wild wachsenden **Heckenrosen**blüten (Hundsrose) her. Die Heckenrose blüht im Juni. Nehmen Sie dreimal täglich 3 Tropfen von der verdünnten Essenz. Sie hilft Ihnen, Ihre Aufgaben leichter zu nehmen und vor allem mit Mut anzugehen.

Blockierungen lösen:
Drücken Sie zur stärkeren Durchblutung des Kopfes mit dem Finger sanft das linke Nasenloch zu. Atmen Sie mit dem rechten Nasenloch ein. Drücken Sie das rechte zu, öffnen Sie gleichzeitig wieder das linke Nasenloch und atmen Sie links aus. Wiederholen Sie diesen Vorgang mehrfach.

Das Schwingungsfeld ausbauen:
1. Sprechen Sie sich mehrmals täglich vor: »Ich fasse schnell auf und behalte alles«, oder einen ähnlichen Satz, der Ihr Wunschverhalten ausdrückt. Spüren Sie die intensiven Schwingungen, die dabei Ihren Körper durchziehen.
2. Lassen Sie sich das Schwingungsfeld Ihrer **Aufgeschlossenheit** kommen, legen Sie sich hinein und zentrieren Sie sich.
Nehmen Sie die neuen Schwingungen in Ihre Körperzellen auf und integrieren Sie sie.

Elm

Shasta Daisy

Heckenrose

Magenbeschwerden

Erbrechen

Magenbeschwerden können einerseits körperliche Ursachen haben, wie z. B. wenn Sie etwas Schwerverdauliches gegessen haben, andererseits seelische. Zu den häufigsten seelischen Ursachen gehört die Angst.

Wenn die Beschwerden länger als einen Tag andauern, suchen Sie einen Arzt auf.

Bach-Blüten:
Falls Ihre Magenbeschwerden durch eine Infektion ausgelöst wurden, benutzen Sie die Mittel, die unter Grip-

pe aufgeführt sind. Wenn Ihre Magenbeschwerden in erster Linie durch Überforderung verursacht sind, nehmen Sie von einer **Elm**-Lösung dreimal täglich je 4 Tropfen ein. Elm hilft Ihnen, Prioritäten zu setzen und Ihre Aufgaben zu organisieren.

Elm

Wenn Ihre Magenbeschwerden vor allem auf Angst zurückzuführen sind, nehmen Sie **Mimulus** in derselben Dosierung ein.

Mimulus

Suchen Sie außerdem anhand der Beschreibungen in Kapitel 1 Ihr geeignetes Langzeitmittel.

Kalifornische Blütenessenz:

Garlic

Garlic gibt Ihnen Sicherheit und innere Stabilität. Nehmen Sie von dieser Blütenlösung dreimal täglich 2 Tropfen.

Einheimische Blüten:

Hundskamille

Stellen Sie sich selbst eine Essenz aus der wild wachsenden **Hundskamille** her (die Hundskamille blüht von Mai bis September) und verdünnen Sie sie nach der Anleitung. Nehmen Sie von dieser Blütenlösung dreimal täglich 4 Tropfen ein. Die Kamille löst Spannungen im Magen und beruhigt ihn.

Blockierungen lösen:

Spüren Sie in Ihren Körper hinein und finden Sie die Stelle im oder am Magen, von der Ihre Beschwerden ausgehen. Bleiben Sie mit Ihrer ganzen Aufmerksamkeit dort und lösen Sie die Blockierung mit Hilfe der Geistigen Integration auf (siehe auch Kapitel 2).

Das Schwingungsfeld ausbauen:

1. Sprechen Sie sich mehrmals täglich vor: »Ich bin ruhig und gelassen«, oder einen ähnlichen Satz, der genau passt und Ihnen in Ihrer Situation Kraft gibt. Spüren Sie die Schwingungen, die bei dem Vorsagen des Satzes Ihren gesamten Körper durchziehen.
2. Lassen Sie sich das Schwingungsfeld Ihrer **inneren Ausgeglichenheit** kommen, legen Sie sich hinein und zentrieren Sie sich.

Nehmen Sie die neuen Schwingungen in jede Körperzelle auf und integrieren Sie sie.

Menstruationsbeschwerden

Prämenstruelles Syndrom

Zu den häufigsten Menstruationsbeschwerden gehören vor allem Schmerzen, Wasseransammlungen im Körpergewebe, Spannungsempfindungen sowie Übelkeit und Kopfschmerzen.

Hierbei können Bach-Blüten Linderung bringen; ebenso bei den begleitenden Gefühlen der Unruhe oder Niedergeschlagenheit.

Bach-Blüten:
Nehmen Sie von einer **Scleranthus**-Lösung dreimal täglich je 4 Tropfen und behalten Sie die Tropfen eine Weile im Mund – möglichst unter der Zunge –, damit die Lösung durch die Mundschleimhaut schneller in den Körper gelangt. Dieses Mittel gibt Ihnen Ausgeglichenheit und innere Ruhe. **Olive** – in derselben Dosierung eingenommen – erschließt und mobilisiert Kraftreserven.

Überlegen Sie außerdem anhand der Beschreibungen in Kapitel 1, welche Blütenlösung Ihr Langzeitmittel sein kann.

Kalifornische Blütenessenz:
Pomegranate hilft Ihnen, die weibliche Seite Ihres Wesens anzunehmen. Nehmen Sie von dieser Blütenlösung dreimal täglich je 2 Tropfen ein.

Pomegranate
Scleranthus

Einheimische Blüten:
Stellen Sie sich selbst eine Essenz aus der wild wachsenden **Hundskamille** her (Blütezeit Mai bis September) und verdünnen Sie sie nach der Anleitung. Nehmen Sie davon dreimal täglich 4 Tropfen ein. Die Kamille löst Spannungen im Bauch und beruhigt.

Hundskamille

Das Schwingungsfeld ausbauen:
1. Sprechen Sie sich mehrmals täglich vor: »Ich lasse meinen Körper seine Arbeit tun«, oder einen ähnlichen Satz, der auf Ihre Situation genau zutrifft und Ihre Akzeptanz ausdrückt. Spüren Sie die Schwingungen, die dabei Ihren ganzen Körper durchziehen.
2. Lassen Sie sich das Schwingungsfeld Ihres **Heilseins** kommen, legen Sie sich hinein, bewegen Sie sich ein wenig hin und her und zentrieren

Scleranthus

Olive

Sie sich. Lassen Sie sich von den Schwingungen einhüllen und nehmen Sie sie in alle Zellen auf.

Goldenrod

Minderwertigkeitsgefühle

Kleinmut, Schüchternheit

Wenn Sie sich anderen Menschen unterlegen fühlen und sich ihnen gegenüber nicht behaupten können, stärken Bach-Blüten insbesondere Ihr Selbstvertrauen.

Acker-hahnenfuß

Bach-Blüten:

Larch

Nehmen Sie von einer **Larch**-Lösung fünfmal täglich je 2 Tropfen und behalten Sie diese eine Weile im Mund – möglichst unter der Zunge –, damit die Lösung durch die Mundschleimhaut schneller in den Körper gelangt. Larch gibt Ihnen Mut und Durchsetzungskraft. Falls Sie vor anderen Menschen Angst haben, nehmen Sie **Mimulus** in der gleichen Dosierung, das löst Ihre Ängste auf.

Mimulus

Überlegen Sie anhand der Beschreibungen in Kapitel 1, ob eine der oben genannten Blütenlösungen Ihr Langzeitmittel ist.

Kalifornische Blütenessenz:

Mallow

Mallow ist das Mittel, das Ihnen einen großen Zuwachs an Selbstvertrauen und Selbstbewusstsein gibt. **Goldenrod** verhilft Ihnen zu innerer Stabilität. Nehmen Sie von dieser Blütenessenz dreimal täglich je 2 Tropfen ein.

Einheimische Blüten:

Wahlweise können Sie von der Butterblume (**Ackerhahnenfuß**, *Ranunculus arvensis*, Blütezeit Mai bis Juli) eine Blütenessenz herstellen und sie verdünnen. Sie gibt Ihnen Selbstvertrauen und den Mut, auf andere zuzugehen. Nehmen Sie davon dreimal täglich 3 Tropfen.

Blockierungen lösen:

Versuchen Sie zu ergründen, wo der Ausgangspunkt Ihrer Minderwertigkeitsgefühle liegt und lösen Sie die dortige Blockierung durch Geistige Integration auf (siehe Kapitel 2).

Das Schwingungsfeld ausbauen:

1. Sprechen Sie sich mehrmals täglich vor: »Ich bin die wichtigste Person in meinem Leben«, oder »Ich bin ein wertvoller Mensch.« Spüren Sie den Schwingungen dieses Satzes in Ihrem Körper nach.
2. Lassen Sie sich das **Gefühl Ihres eigenen Wertes** kommen, legen Sie sich ganz hinein und integrieren Sie dabei die Schwingungen in Ihren Körper.

Misstrauen

Wenn Sie häufig den Verdacht haben, hintergangen oder übervorteilt zu werden, belastet das Ihre Beziehungen zu anderen Menschen. Bach-Blüten können das Miteinander nachhaltig harmonisieren.

Bach-Blüten:

Nehmen Sie von einer **Holly**-Lösung fünfmal täglich je 2 Tropfen. Holly verhilft Ihnen zu einem besseren Verständnis der anderen Menschen. **Aspen** – in der gleichen Dosierung eingenommen – gibt Ihnen mehr Vertrauen und größere Konfrontationsbereitschaft.

Überlegen Sie anhand der Beschreibungen in Kapitel 1, ob eine der oben genannnten Blütenlösungen »Ihr« Langzeitmittel ist.

Kalifornische Blütenessenz:

Saguaro hilft Ihnen, die Entwicklung der Ereignisse zu erkennen und auch Nachteile zu akzeptieren. Nehmen Sie dreimal täglich 2 Tropfen.

Saguaro

Aspen

Einheimische Blüten:

Stellen Sie von der **Artischocke** (Blütezeit Juni bis September) eine Blütenessenz her und verdünnen Sie diese. Artischocke hilft Ihnen, Ihre Situation neu und mit den Augen der Liebe zu sehen. Nehmen Sie davon dreimal täglich 3 Tropfen.

Artischocke

Blockierungen lösen:

Versuchen Sie zu ergründen, wo im Körper das Zentrum Ihres Misstrauens liegt. Bleiben Sie mit Ihrer Aufmerksamkeit an dieser Stelle und lösen Sie die dortige Blockierung durch Geistige Integration auf.

Holly

Das Schwingungsfeld ausbauen:

1. Sprechen Sie sich mehrmals täglich vor: »Ich erreiche in jedem Falle mein Ziel.« Spüren Sie, wie Sie die Schwingungen dieses Satzes durchdringen.
2. Lassen Sie sich das Schwingungsfeld Ihrer **Unerschütterlichkeit** kom-

Aspen

men und legen Sie sich hinein. Genießen Sie die neuen Schwingungen und integrieren Sie sie in Ihr Wesen.

Müdigkeit

Müdigkeit kann körperlich bedingt sein, z.B. durch Überarbeitung und Erschöpfung, oder durch innere Widerstände. Nach einer angemessenen Ruheperiode können Bach-Blüten erneut zusätzliche Kraftreserven erschließen.

Bach-Blüten:

Olive Nehmen Sie von einer **Olive**-Lösung viermal täglich je 3 Tropfen. Olive
Mustard gibt Ihnen neue Kraft. **Mustard** – in der gleichen Dosierung eingenommen – gibt Ihnen Mut und Kraft zum Durchhalten.

Kalifornische Blütenessenz:

Aloe Vera **Aloe Vera** verhilft Ihnen bei totaler Erschöpfung und innerer Leere zu neuer Tatkraft. Nehmen Sie davon dreimal täglich 2 Tropfen.

Einheimische Blüten:

Brennnessel Stellen Sie von der **Brennnessel** (Blütezeit Juni bis September) eine Blütenessenz her und verdünnen Sie diese. Die Brennnessel verhilft Ihnen zu neuem Lebensmut. Nehmen Sie drei-
Gentian mal täglich 4 Tropfen.

Blockierungen lösen:

Versuchen Sie zu ergründen, wo im Körper das Zentrum Ihrer Müdigkeit sitzt: Im Rücken? In den Armen? In den Beinen? In den Schultern? Bleiben Sie mit Ihrer Aufmerksamkeit an der gefundenen Stelle und lösen Sie die dortige Blockierung durch Geistige Integration auf (siehe Kapitel 2).

Das Schwingungsfeld ausbauen:

1. Sprechen Sie sich mehrmals täglich vor: »In diesem Augenblick kann ich ausspannen«, oder »Allmählich wachsen mir neue Kräfte.« Spüren Sie dem Klang dieser Sätze in Ihrem Körper nach.
2. Lassen Sie sich das Schwingungsfeld Ihrer angeborenen **Urkraft** kommen. Legen Sie sich hinein; spüren Sie die Kraft und nehmen Sie sie in sich auf.

Mutlosigkeit

Wenn Sie es nicht mehr schaffen, ein Problem oder eine Arbeit anzupacken oder zu Ende zu führen, legen Sie zunächst eine Besinnungspause ein. Bach-Blüten geben dann einen neuen Impuls.

Bach-Blüten:

Nehmen Sie von der Blütenlösung **Gentian** dreimal täglich je 4 Tropfen.

Gentian lässt Sie das Leben wieder positiver sehen. **Mustard** – in der gleichen Dosierung eingenommen – gibt Ihnen Mut und Kraft zum Durchhalten.

Mustard

Kalifornische Blütenessenz:
Borage gibt Ihnen ein Gefühl von Leichtigkeit und Vertrauen in die eigene Kraft.
Nehmen Sie davon dreimal täglich je 2 Tropfen.

Borage

Einheimische Blüten:
Stellen Sie sich selbst eine Essenz aus wild wachsenden **Heckenrosen**blüten (Hundsrose) her. Die Heckenrose blüht im Juni.
Nehmen Sie dreimal täglich 3 Tropfen von der verdünnten Essenz. Sie hilft Ihnen, kleine Schritte zu wagen.

Heckenrose

Blockierungen lösen:
Versuchen Sie zu ergründen, wo im Körper das Zentrum Ihrer Mutlosigkeit sitzt: In der Brust? Im Rücken? In den Armen? Bleiben Sie mit Ihrer Aufmerksamkeit an der gefundenen Stelle und lösen Sie die dortige Blockierung durch Geistige Integration auf.

Das Schwingungsfeld ausbauen:
1. Sprechen Sie sich mehrmals täglich vor: »Morgen wird es mir besser gehen«, oder »Allmählich komme ich wieder zu Kräften.« Lauschen Sie dem Klang dieser Worte nach und spüren Sie die heilenden Schwingungen in Ihrem ganzen Körper (siehe Kapitel 2).
2. Lassen Sie sich das Schwingungsfeld Ihres angeborenen **Vertrauens** kommen und legen Sie sich ins Zentrum. Bewegen Sie sich ein wenig hin und her und nehmen Sie die Schwingungen in sich auf.

Neid

Neid entspringt dem Gefühl, dass andere es besser haben und vom Schicksal bevorzugt werden. Bach-Blüten helfen, die eigene Situation zu bejahen.

Bach-Blüten:
Nehmen Sie von der Blütenlösung **Holly** dreimal täglich je 4 Tropfen und behalten Sie diese eine Weile im Mund. Holly hilft Ihnen, sich selbst anzunehmen und wertzuschätzen. **Willow** in der gleichen Dosierung lässt Sie aktiv etwas unternehmen.

Holly

Willow

Kalifornische Blütenessenz:
Mit **Trillium** fällt es Ihnen leicht, anderen ihre Erfolge neidlos zuzugestehen. Nehmen Sie davon dreimal täglich 2 Tropfen.

Trillium

Willow

Einheimische Blüten:
Stellen Sie sich selbst eine Essenz aus der wild wachsenden **Hundskamille** her (Blütezeit Mai bis September) und verdünnen Sie sie nach der Anleitung. Nehmen Sie davon dreimal täglich 4 Tropfen ein. Kamille beruhigt und löst Spannungen.

Hundskamille

Blockierungen lösen:
Wo spüren Sie Ihre Neidgefühle besonders? Im Magen? In der Kehle? Im Bauch? Finden Sie den genauen Ort und bleiben Sie mit Ihrer Aufmerksamkeit an dieser Stelle. Lösen Sie die dortige Blockierung mit Hilfe der Geistigen Integration auf (siehe auch Kapitel 2).

Das Schwingungsfeld ausbauen:
1. Sagen Sie sich so oft wie möglich vor: »Das ändert nichts an meinem Wert«, oder »Das nehme ich ganz gelassen.« Formen Sie diese oder andere Sätze so um, dass sie Ihnen hundertprozentig aus der Seele kommen.
2. Lassen Sie sich das Schwingungsfeld Ihres **unerschütterlichen Selbstbewusstseins** kommen und zentrieren Sie sich darin. Genießen Sie die Schwingungen und nehmen Sie sie in sich auf.

Nervosität

Hektik

Erhöhte Nervenanspannung kann äußere Ursachen haben, die Sie abstellen können, wie z. B. Elektrosmog, Lärmbelastung, Termindruck o. ä. Bei seelischen Ursachen helfen Bach-Blüten nachhaltig.

Bach-Blüten:
Nehmen Sie von der Blütenlösung **Agrimony** fünfmal täglich je 2 Tropfen. Das hilft vor allem gegen unterdrückte Unruhe. **Impatiens** ist ein

Agrimony

Impatiens

Mittel gegen Ungeduld. **Cherry Plum** in der gleichen Dosierung hilft loszulassen, wenn man sich nervlich überfordert fühlt. **White Chestnut** nimmt man, wenn eine übergroße Ideenflut nur schwer beherrschbar ist. Dieses Mittel verhilft zu geistiger Klarheit.

Kalifornische Blütenessenz:
Arnica löst und beruhigt. Nehmen Sie von dieser Blütenlösung dreimal täglich 2 Tropfen.

Einheimische Blüten:
Stellen Sie eine Blütenessenz aus **Lavendel** her und verdünnen Sie diese, wie in der Einleitung zum Behandlungsteil angegeben.
Lavendel (Blütezeit Juni bis August) verhilft dem Menschen zu mehr Verständnis, dadurch überschaut er äußere Situationen besser und gewinnt inneren Frieden.

Blockierungen lösen:
Möglicherweise zentriert sich Ihre Nervosität in einem Bereich unterhalb der Kehle. Wo sonst spüren Sie sich besonders »kribbelig«? Im Magen? In den Armen oder Beinen? In der Haut?
Lösen Sie die dortigen Blockierungen mit Hilfe der Geistigen Integration auf (siehe Kapitel 2).

Das Schwingungsfeld ausbauen:
1. Sagen Sie sich so oft wie möglich vor: »Ich bleibe ganz cool«, oder »Das nehme ich ganz gelassen.« Formen Sie diese oder andere Sätze so um, dass sie Ihnen hundertprozentig aus der Seele kommen.
2. Legen Sie sich in das Schwingungsfeld Ihrer angeborenen **inneren Ruhe** und nehmen Sie diese Schwingungen in sich auf.

Cherry Plum

White Chestnut

Arnica

Lavendel

Orientierungslosigkeit

Desorientiertheit, Verwirrtheit

Infolge von Schock, Krankheit oder Erschöpfung kann ein Mensch Gegenstände oder Ereignisse seiner Umgebung manchmal vorübergehend nicht einordnen. Hält dieser Zustand länger an, muss ein Arzt aufgesucht werden.

Bach-Blüten:
Nehmen Sie von der Blütenlösung **Clematis** viermal täglich je 3 Tropfen. Clematis gibt Ihnen eine wache Aufmerksamkeit.

Kalifornische Blütenessenz:
Angelica verhilft Ihnen zu größerem Vertrauen und zur Einsicht in die

Clematis

Angelica

Zusammenhänge Ihrer persönlichen Situation. Nehmen Sie davon dreimal täglich 2 Tropfen.

Einheimische Blüten:

Roter Wiesenklee

Stellen Sie von den Blüten des **Roten Wiesenklees** (Blütezeit Juni bis Oktober) eine Blütenessenz her und verdünnen Sie diese nach der Anleitung. Die Kleeblüten helfen Ihnen, eine Richtung zu finden und zielstrebig zu handeln.

Crab Apple

Blockierungen lösen:

Versuchen Sie zu ergründen, wo in Ihrem Körper das Zentrum Ihrer Verwirrtheit sitzt.

Wenn Sie diese im Gehirn vermuten, tun Sie nichts weiter – die Energieströme im Gehirn sind so fein abgestimmt, dass man dort als Laie nicht von außen eingreifen sollte.

Das Schwingungsfeld ausbauen:

1. Sprechen Sie sich mehrmals täglich vor: »Ich sehe alles klar vor mir«, oder »Ich bin aufmerksam und auch wach.« Spüren Sie dem Klang dieser Sätze in Ihrem Körper nach.

Crab Apple

2. Lassen Sie sich das Schwingungsfeld Ihrer angeborenen **geistigen Klarheit** kommen. Legen Sie sich hinein; spüren Sie die Schwingungen und nehmen Sie sie in sich auf (siehe Kapitel 2).

Rock Water

Perfektionismus

Starkes Kontrollbedürfnis

Gehören Sie zu den Menschen, die nicht zufrieden sind, bis ein Handlungsablauf oder ein Ergebnis in allen Einzelheiten Ihren Vorstellungen entspricht? Bach-Blüten können Ihre hohen Erwartungen auflockern.

Bach-Blüten:

Nehmen Sie von der Blütenlösung **Crab Apple** viermal täglich je 3 Tropfen. Crab Apple nimmt die Zwanghaftigkeit aus Ihrem Wunsch nach einer perfekten Umgebung; Sie können dann auch schon einmal »alle Fünfe gerade sein lassen«. **Rock Water** in der gleichen Dosierung hilft Ihnen, flexibler zu werden und auch spontane Einfälle zuzulassen.

Kalifornische Blütenessenz:
Zinnia vermittelt einen mehr spielerischen Umgang mit den Dingen. Nehmen Sie davon dreimal täglich 2 Tropfen.

Zinnia

Einheimische Blüten:
Stellen Sie eine Blütenessenz aus **Ringelblumen**blüten her (Calendula, Blütezeit Juni bis Oktober) und verdünnen Sie diese, wie in der Einleitung zum Behandlungsteil angegeben. Calendula hilft, ein überstarkes Kontrollbedürfnis abzubauen, das ja meist aus Angst entstanden ist, und aus der Notwendigkeit, sich zu schützen und sich abzusichern.

Ringelblume

Blockierungen lösen:
Wo ist das Zentrum Ihres Kontrollbedürfnisses? Suchen Sie den genauen Ort, bleiben Sie mit Ihrer Aufmerksamkeit an dieser Stelle und lösen Sie die dortigen Blockierungen mit Hilfe der Geistigen Integration auf (siehe Kapitel 2).

Das Schwingungsfeld ausbauen:
1. Sagen Sie sich so oft wie möglich vor: »Über Kleinigkeiten rege ich mich nicht auf«, oder »Da kann ich auch mal ein Auge zudrücken.« Lassen Sie die Schwingungen dieser Sätze in sich wirken.
2. Lassen Sie sich Ihren angeborenen **Sinn für das Wesentliche** kommen und legen Sie sich in das Schwingungsfeld wie in ein Bad. Nehmen Sie die Schwingungen wahr und machen Sie sie sich zu Eigen.

Reizbarkeit

Gereiztheit

Reizbare Menschen reagieren ungewöhnlich stark auf jede Art von Störung. Zur Beruhigung der Nerven können Bach-Blüten wirksam und nachhaltig beitragen.

Bach-Blüten:
Nehmen Sie von der Blütenlösung **Holly** viermal täglich je 3 Tropfen. Holly hilft Ihnen, Ihre Reizbarkeit in Handlungsenergie umzuwandeln.

Holly

Impatiens ist vor allem für ungeduldige Menschen gedacht. Das Mittel gibt Ihnen mehr Geduld mit sich selbst und anderen.

Impatiens

Kalifornische Blütenessenz:
Dill hilft Ihnen, bei Reizüberflutung innerlich abzuschalten und sich zurückzuziehen. Nehmen Sie davon dreimal täglich 2 Tropfen.

Dill

Einheimische Blüten:

Lavendel Stellen Sie eine Essenz aus **Lavendel**blüten her und verdünnen Sie sie. (Blütezeit Juni bis August.) Lavendel hat eine reizmildernde und reizlösende Wirkung.

Blockierungen lösen:

Wo in Ihrem Körper spüren Sie die Reizbarkeit besonders stark? Suchen Sie den genauen Ort und bleiben Sie mit Ihrer Aufmerksamkeit an dieser Stelle. Lösen Sie die dortige Blockierung mit Hilfe der Geistigen Integration auf (siehe Kapitel 2).

Gentian

Das Schwingungsfeld ausbauen:

1. Sprechen Sie sich vor: »Darüber rege ich mich nicht auf«, oder »Das kann mich nicht aus der Ruhe bringen«, oder einen ähnlichen Satz, der Sie beruhigt. Spüren Sie die Resonanz dieses Satzes in Ihrem Körper.
2. Lassen Sie sich das Schwingungsfeld Ihres **angeborenen Gleichmuts** kommen. Zentrieren Sie sich in diesem Feld, bewegen Sie sich ein wenig hin und her und nehmen Sie die Schwingungen in sich auf (siehe auch Kapitel 2).
3. Sind Sie im Grunde der Überzeugung, dass man sich aufregen *muss*, wenn eine Sache vorwärts getrieben werden soll? Kennen Sie Leute, die nach diesem Prinzip handeln? Dann überdenken Sie einmal Ihre eigene Einstellung. Vielleicht kommt man doch weiter, wenn man gelassen bleibt?

Resignation

Von Resignation sprechen wir, wenn ein Mensch sich mit einer nachteiligen Lage anscheinend abgefunden und jeden Änderungsversuch aufgegeben hat.

Bach-Blüten:

Gentian Nehmen Sie von der Blütenlösung **Gentian** viermal täglich je 3 Tropfen und behalten Sie diese eine Weile im Mund – möglichst unter der Zunge –,

damit die Lösung durch die Mundschleimhaut schneller in den Körper gelangt. Gentian hilft Ihnen, an Ihrer Situation die positiven Seiten zu sehen. **Gorse** – in der gleichen Dosierung eingenommen – gibt Ihnen neue Hoffnung und Zuversicht.
Überlegen Sie anhand der Beschreibungen in Kapitel 1, ob eine der oben genannten Blütenlösungen Ihr Langzeitmittel sein kann.

Kalifornische Blütenessenz:
California Wild Rose lässt Sie die Freude im Alltag wiederentdecken. Nehmen Sie davon dreimal täglich 2 Tropfen.

Einheimische Blüten:
Stellen Sie sich selbst eine Essenz aus wild wachsenden **Heckenrosen**blüten (Hundsrose) her. Die Heckenrose blüht im Juni. Nehmen Sie dreimal täglich 3 Tropfen von der verdünnten Essenz. Sie hilft Ihnen, sich in kleinen Schritten vorwärts zu wagen.

Blockierungen lösen:
Versuchen Sie zu ergründen, wo im Körper das Zentrum Ihrer Resignation sitzt – im Rücken? In den Schultern? Bleiben Sie mit Ihrer Aufmerksamkeit an der gefundenen Stelle und lösen Sie die dortige Blockierung durch Geistige Integration auf.

Das Schwingungsfeld ausbauen:
1. Sprechen Sie sich mehrmals täglich vor: »Allmählich wachsen mir neue Kräfte zu.« Spüren Sie dem Klang dieses Satzes in Ihrem Körper nach.
2. Lassen Sie sich das Schwingungsfeld Ihrer **natürlichen Lebensfreude** kommen. Zentrieren Sie sich darin; spüren Sie die Kraft der Schwingungen und nehmen Sie sie in sich auf (siehe Kapitel 2).

Ressentiments

Groll, Nachtragend-Sein, gefühlsmäßige Abneigung

Wenn ein Mensch einem andern eine Kränkung oder Verletzung nicht vergeben kann und sich immer wieder daran erinnert, so belastet das auf die Dauer seine Beziehungen zu den Mitmenschen.

Bach-Blüten:
Nehmen Sie von der Blütenlösung **Holly** viermal täglich je 3 Tropfen ein. Holly hilft Ihnen nachhaltig, mit sich selbst und anderen versöhnlicher umzugehen.
Willow – in derselben Dosierung eingenommen – verwandelt Ihre unterdrückten Gefühle in positive Handlungsimpulse.

Gorse

California Wild Rose

Heckenrose

Holly

Willow

Kalifornische Blütenessenz:

Scarlet Monkeyflower

Scarlet Monkeyflower hilft Ihnen, Ihre Gefühle auf annehmbare Weise zu äußern. Nehmen Sie davon dreimal täglich 2 Tropfen.

Einheimische Blüten:

Wegwarte

Stellen Sie von der **Wegwarte** (Zichorie, Blütezeit Juli bis August) eine Blütenessenz her und verdünnen Sie diese. Nehmen Sie davon dreimal täglich 4 Tropfen. Die Wegwarte hilft Ihnen, andere ihren eigenen Weg gehen zu lassen, auch wenn es weh tut.

Agrimony

Blockierungen lösen:

Versuchen Sie zu ergründen, wo im Körper das Zentrum Ihres Grolls sitzt: Im Magen? Im Bauch? In der Kehle? Bleiben Sie mit Ihrer Aufmerksamkeit an der gefundenen Stelle und lösen Sie die dortige Blockierung durch Geistige Integration auf.

Crab Apple

Das Schwingungsfeld ausbauen:

1. Sprechen Sie sich mehrmals täglich vor: »Ich kann geben, ohne eine Gegenleistung zu erwarten«, oder »Ich mache mich nicht durch Erwartungen von anderen abhängig.« Spüren Sie den Klang dieser Sätze in Ihrem Körper nach (siehe Kapitel 2).

Lavender

2. Lassen Sie sich das Schwingungsfeld Ihrer angeborenen **inneren Freiheit** kommen. Legen Sie sich in das Zentrum wie in ein Bad. Spüren Sie die Kraft der Schwingungen und nehmen Sie sie in sich auf.

Rheumatismus

Sowohl Gelenkrheumatismus als auch Weichteilrheuma sind ernsthafte Erkrankungen, die vom Arzt behandelt werden müssen. Bach-Blüten können zur Linderung der Schmerzen beitragen.

Bach-Blüten:

Nehmen Sie von der Blütenlösung **Agrimony** dreimal täglich je 4 Tropfen und behalten Sie diese eine Weile im Mund – möglichst unter der Zunge –, damit die Lösung durch die Mundschleimhaut schneller in den Körper gelangt. Agrimony gibt Ihnen innere Ruhe und Ausgeglichenheit und die Kraft, sich mit Ihren unterdrückten Problemen auseinander zu setzen. **Crab Apple** reinigt den Körper nachhaltig von unerwünschten Schadstoffen.
Prüfen Sie anhand der Beschreibungen in Kapitel 1, ob eine der oben genannten Blütenlösungen Ihr Langzeitmittel sein kann.

Kalifornische Blütenessenz:

Lavender beruhigt die Nerven und mindert die Schmerzen in dem betroffenen Bereich. Nehmen Sie davon dreimal täglich 2 Tropfen.

Einheimische Blüten:
Nehmen Sie von einer selbst hergestellten **Löwenzahn**-Lösung dreimal täglich 3 Tropfen. (Löwenzahn blüht von April bis Mai.) Diese Blütenlösung beruhigt und löst Ihre Verspannungen.

Blockierungen lösen:
Versuchen Sie zu ergründen, wo die Rheumaschmerzen ihren Ausgang nehmen. Bleiben Sie mit Ihrer Aufmerksamkeit an der gefundenen Stelle und lösen Sie die dortige Blockierung durch Geistige Integration auf (siehe Kapitel 2).

Das Schwingungsfeld ausbauen:
1. Sprechen Sie sich mehrmals täglich vor: »Ich schicke meinen Zellen Liebe und Wärme«, oder »Allmählich lassen die Schmerzen nach.« Lauschen Sie dem Klang dieser Worte und spüren Sie die heilenden Schwingungen in Ihrem Körper.
2. Lassen Sie sich das Schwingungsfeld Ihres **gut durchbluteten Körperteils** kommen (des Armes, Beines oder anderen Körperteils, in dem das Rheuma sitzt). Lassen Sie sich von den Schwingungen erfüllen und nehmen Sie sie in sich auf.

Schlaflosigkeit

Nächtliche Unruhe

Sowohl bei Einschlaf- als auch bei Durchschlafbeschwerden können entspannende Bach-Blütenlösungen eine große Hilfe sein. Bei chronischer Schlaflosigkeit suchen Sie bitte den Arzt auf.

Löwenzahn

White Chestnut

Bach-Blüten:
Nehmen Sie von der Blütenlösung **Agrimony** fünfmal nächtlich je 2 Tropfen. Agrimony hilft, wenn der Schlaf sich wegen innerer Rastlosigkeit nicht einstellt. Liegt die Ursache jedoch mehr in dem Gedankenkarussell im Kopf, nehmen Sie **White Chestnut** in derselben Dosierung.

Agrimony

White Chestnut

Kalifornische Blütenessenz:

Chaparral

Chaparral erleichtert die Verarbeitung von Problemen durch Träume. Nehmen Sie davon dreimal täglich 2 Tropfen.

Einheimische Blüten:

Lavendel

Kamille

Dill

Stellen Sie sich aus **Lavendel**blüten eine Blütenlösung her. Lavendel hilft, unnötigen Ballast abzuwerfen. Auch **Kamillen-** oder **Dill**blütenessenz kann helfen, oder eine Mischung von zwei oder drei dieser Lösungen.

Blockierungen lösen:

Spüren Sie in Ihren Körper hinein: Wo sitzt das Zentrum der Unruhe? Bleiben Sie mit Ihrer Aufmerksamkeit an dieser Körperstelle und lösen Sie die dortige Blockierung durch Geistige Integration auf (siehe Kapitel 2).

Das Schwingungsfeld ausbauen:

1. Legen Sie die Hände auf den Bauch und sagen Sie zu sich: »Ich ruhe in mir.« Fühlen Sie dabei Ihr Ruhezentrum im Bauch.
2. Was lässt Sie nicht zur Ruhe kommen? Sagen Sie sich: »Ich vergesse das alles«, oder »Ich schalte alles ab.«
3. Lassen Sie sich das Schwingungsfeld Ihres bisher nicht gelebten **gesunden Schlafes** kommen. Wenn Sie die Schwingungen überall um und in sich spüren, richten Sie Ihren Körper genau nach dem Feld aus und lassen Sie sich von ihm einhüllen.

Schmerzen

Bach-Blüten können Schmerzen vor allem dadurch lindern, dass sie die Muskelverspannungen lösen, die mit jedem Schmerz einhergehen und ihn noch verstärken.

Bach-Blüten:

Rescue-Tropfen

Agrimony

Bei akuten Schmerzen helfen die **Rescue-Tropfen**. Nehmen Sie davon viermal täglich – notfalls öfter – je 3. Wenn seelischer Schmerz mit im Spiele ist, kann auch **Agrimony** (fünfmal täglich 2 Tropfen) helfen und für Entspannung sorgen.

Kalifornische Blütenessenzen:

Arnica

Self Heal

Arnica lindert Schmerzen und fördert die Heilung. **Self Heal** weckt die Selbstheilungskräfte und unterstützt die Wirkung der übrigen Maßnahmen. Nehmen Sie bis zu sechsmal täglich 2 Tropfen.

Einheimische Blüten:

Lavendel

Stellen Sie eine Essenz aus **Lavendel**blüten her und verdünnen Sie sie (Blütezeit Juni bis August). Lavendel hat eine schmerzmildernde und schmerzlösende Wirkung.

Blockierungen lösen:
Suchen Sie den Ort in Ihrem Körper, wo der Schmerz seinen Ausgang nimmt. Bleiben Sie mit Ihrer Aufmerksamkeit an dieser Stelle und lösen Sie die dortigen Blockierungen mit Hilfe der Geistigen Integration auf (siehe Kapitel 2).

Das Schwingungsfeld ausbauen
1. Sagen Sie sich so oft wie möglich vor: »Ich helfe meinem Körper, den Schmerz aufzulösen«, oder einen ähnlichen Satz, der sich als wirksam erweist.
2. Lassen Sie sich das Schwingungsfeld Ihres **Urvertrauens** kommen, legen Sie sich hinein wie in ein Bad und zentrieren Sie sich darin. Fühlen Sie, wie die Schwingungen Ihnen Kraft geben und Sie stützen.

Schnupfen

Heuschnupfen

Bei Schnupfen schwellen die Nasenschleimhäute an und sondern ein wässriges Sekret ab. Ein normaler Schnupfen dauert etwa eine Woche, allergischer oder Heuschnupfen dagegen kann innerhalb weniger Stunden vorübergehen.

Bach-Blüten können häufig zur Linderung beitragen.

Bach-Blüten:
Nehmen Sie dreimal täglich 4 Tropfen von der Blütenlösung **Scleranthus**. Scleranthus hilft Ihnen, seelisch und körperlich wieder ins Gleichgewicht zu kommen.
Suchen Sie anhand der Beschreibungen in Kapitel 1 Ihre Langzeitblütenlösung.

Scleranthus

Kalifornische Blütenessenz:
California Pitcher Plant bringt Sie dazu, die Bedürfnisse Ihres Körpers mehr zu beachten und zu erfüllen. Nehmen Sie davon dreimal täglich 2 Tropfen.

California Pitcher Plant

Einheimische Blüten:
Stellen Sie sich selbst eine Essenz aus **Jasmin**blüten her. Jasmin blüht im Mai und Juni. Nehmen Sie dreimal täglich 3 Tropfen von der verdünnten Essenz. Jasmin hat eine stark reinigende Wirkung.

Jasmin

Blockierungen lösen:
Spüren Sie in Ihren Körper hinein: Wo sitzen die quälendsten Beschwerden? Das können an verschiedenen Tagen verschiedene Stellen sein, z. B. im Kopf, im Hals, in den Bronchien usw. Suchen Sie das Zentrum der Beschwerden und bleiben Sie mit Ihrer Aufmerksamkeit an dieser Körperstelle. Lösen Sie die dortige Blockierung

Star of Bethlehem

durch Geistige Integration auf (siehe Kapitel 2).

Das Schwingungsfeld aufbauen:
1. Sprechen Sie sich mehrmals am Tage vor: »Ich erhole mich schnell, ich bin im Kern gesund«, oder »Mein Körper geht durch einen Reinigungsprozess.« Spüren Sie den Schwingungen dieser Worte nach.
2. Legen Sie sich in das Schwingungsfeld Ihres **Urvertrauens**. Spüren Sie die heilende Wärme unter Ihrem Rücken und Ihrem Hinterkopf.

Schock

Rock Rose

Ein Schock kann z. B. durch Vergiftung, einen Unfall oder eine emotionale Erschütterung ausgelöst werden und besteht in dem plötzlichen Aussetzen bestimmter Körpertätigkeiten. Krampfzustände oder Bewusstlosigkeit können die Folge sein. Rufen Sie in jedem Falle den Notfallarzt. Schockfolgen treten manchmal auch erst nach Stunden oder am nächsten Tag auf.

Star of Bethlehem

Bach-Blüten:
Bei plötzlichen Erkrankungen, großer Angst oder Unfällen nehmen Sie die **Rescue-Tropfen** (viermal täglich 3 Tropfen oder auch öfter), das vermindert die Angst und beruhigt. In ähnlicher Weise wirkt **Rock Rose**, das auch in den Rescue-Tropfen enthalten ist. Bei plötzlichen erschütternden Erlebnissen hilft Ihnen die Einnahme von **Star of Bethlehem**, diese besser zu verkraften. Nehmen Sie davon viermal täglich – notfalls auch öfter – je 3 Tropfen. Sie können damit auch die Wirkung von Schocks auflösen, die bereits Jahre zurückliegen.
Wenn Sie zu Schocks neigen, suchen Sie mit Hilfe der Beschreibungen in Kapitel 1 Ihr Langzeitmittel, das Sie unempfindlicher macht.

Rescue-Tropfen
Arnica

Kalifornische Blütenessenzen:
Arnica lindert Schockzustände und Schmerzen.

Self Heal weckt die Selbstheilungskräfte und unterstützt die Wirkung der übrigen Maßnahmen. Nehmen Sie bei akutem Schock stündlich je 2 Tropfen.

Einheimische Blüten:
Stellen Sie eine Essenz aus den Blüten der echten **Waldrebe** her (*Clematis vitalba*, blüht von Juni bis Juli) und verdünnen Sie sie. Clematis gibt Ihnen die Kraft, sich mit schmerzlichen Geschehnissen auseinander zu setzen.

Das Schwingungsfeld ausbauen:
1. Sprechen Sie sich täglich vor: »Ich habe die Kraft, mit den Ereignissen meines Lebens fertig zu werden.« Spüren Sie diese Kraft in sich.
2. Lassen Sie sich täglich das Schwingungsfeld Ihrer **Unerschütterlichkeit** kommen und zentrieren Sie sich darin. Nehmen Sie die Schwingungen in sich auf.

Schuldgefühle

Schlechtes Gewissen

Mancher Mensch schleppt verdrängte Schuldgefühle aus längst vergangenen Zeiten mit sich herum, die ihm und anderen das Leben schwer machen. Solche Lasten lassen sich durch Bach-Blüten erleichtern.

Bach-Blüten:
Nehmen Sie von der Blütenlösung **Pine** viermal täglich je 3 Tropfen. Pine hilft Ihnen, Ihre Schuldgefühle aufzulösen und sich ein »dickeres Fell« zuzulegen.
Prüfen Sie anhand der Beschreibungen in Kapitel 1, welche Blütenlösung Ihr Langzeitmittel sein kann.

Kalifornische Blütenessenz:
Pink Monkeyflower fördert Ihr Selbstvertrauen und das Vertrauen zu anderen Menschen. Nehmen Sie von dieser Blütenlösung dreimal täglich 2 Tropfen.

Einheimische Blüten:
Stellen Sie sich eine Essenz aus **Erdbeer**blüten her und nehmen Sie dreimal täglich vier Tropfen von der verdünnten Lösung.

Blockierungen lösen:
Überprüfen Sie, ob die Begriffe Schuld und Sühne einen großen Raum in Ihrem Leben einnehmen. Hat es in Ihrer Kindheit viel Schuld, Bestrafung, Beichte und Vergebung gegeben? Oder auch Auflehnung dagegen? Was für Gefühle kommen Ihnen bei dem Gedanken daran? Können Sie diese in Ihrem Körper orten? Lösen Sie sie durch Geistige Integration auf (siehe Kapitel 2).

Self Heal

Pine

Waldrebe

Pink Monkeyflower

Erdbeere

Das Schwingungsfeld ausbauen:
1. Sagen Sie sich vor: »Was ich tue, ist richtig«, oder »Ich bin in Ordnung.« Vielleicht finden Sie einen Satz, der Ihnen noch besser hilft (siehe auch Kapitel 2).
2. Lassen Sie sich das Schwingungsfeld Ihres ursprünglichen, **gesunden Wesenskerns** kommen und legen Sie sich genau hinein. Fühlen Sie, wie die Schwingungen alle Ihre Körperzellen durchdringen (siehe Kapitel 2).

Schuppenflechte

Neurodermitis, Psoriasis

Die Ursache der Schuppenflechte ist noch nicht restlos erforscht; man vermutet aber, dass auch psychische Faktoren eine Rolle spielen. Hier setzen die Bach-Blüten an.

Bach-Blüten:
Crab Apple
Nehmen Sie von der Blütenlösung **Crab Apple** fünfmal täglich jeweils 2 Tropfen. Crab Apple reinigt Körper und Seele von Irritationen. Wenn Sie starke Ungeduld verspüren, können Sie Crab Apple zu gleichen Teilen mit **Impatiens** mischen.
Impatiens

Kalifornische Blütenessenz:
Dogwood
Dogwood löst Gefühlsschlacken auf und hilft, sie loszulassen. Nehmen Sie von dieser Blütenlösung dreimal täglich 2 Tropfen.

Einheimische Blüten:
Acker-hahnenfuß
Wahlweise können Sie von der Butterblume (**Ackerhahnenfuß**, *Ranunculus arvensis*, Blütezeit Mai bis Juli) eine Blütenessenz herstellen und sie verdünnen. Sie gibt Selbstvertrauen und hilft Ihnen, sich so anzunehmen, wie Sie sind. Nehmen Sie davon dreimal täglich 3 Tropfen.

Blockierungen lösen:
Spüren Sie in Ihren Körper hinein: Wo sitzt das Zentrum der Hautirritation? Bleiben Sie mit Ihrer Aufmerksamkeit an dieser Körperstelle und lösen Sie die dortige Blockierung durch Geistige Integration auf (siehe auch Kapitel 2).

Das Schwingungsfeld ausbauen:
1. Sprechen Sie sich täglich mehrmals vor: »Ich bin in Ordnung, mein Körper heilt sich selbst«, und spüren Sie den Schwingungen dieses Satzes nach.
2. Lassen Sie sich das Schwingungsfeld Ihrer **unversehrten glatten Hautoberfläche** kommen. Wenn Sie das Feld überall um und in sich spüren, zentrieren Sie Ihren Körper und lassen Sie sich von den Schwingungen einhüllen (siehe Kapitel 2).

Schwäche

Kraftlosigkeit

Krankheit, Überarbeitung oder seelische Überforderung können einem Menschen alle Kraft nehmen. Die folgenden Bach-Blüten helfen aus dem Tief heraus.

Bach-Blüten:
Nehmen Sie von einer **Olive**-Lösung viermal täglich je 3 Tropfen. Olive hilft Ihnen, Ihre Kräfte wiederzugewinnen und sich zu erholen. Wenn Sie ein Mensch sind, der über seine Kräfte hinaus weiterarbeitet, so hilft Ihnen **Oak** (in derselben Dosierung), Ruhe zu finden und Ihre Grenzen zu sehen.

Oak

Kalifornische Blütenessenz:
Garlic fördert Ihre Vitalität und Ihre innere Stabilität. Nehmen Sie davon dreimal täglich 2 Tropfen.

Garlic

Einheimische Blüten:
Stellen Sie sich selbst eine Essenz aus **Rainfarn**blüten her und verdünnen Sie sie nach der Anleitung. Nehmen Sie davon dreimal täglich 4 Tropfen ein. Rainfarn blüht von Juli bis September und hilft Ihnen, Ihren Tiefpunkt zu überwinden.

Rainfarn

Blockierungen lösen:
Spüren Sie in Ihren Körper hinein: Wo sitzt das Schwächegefühl? In der Brust, im Rücken, in den Armen? Bleiben Sie mit Ihrer Aufmerksamkeit an der gefundenen Körperstelle und lösen Sie die dortige Blockierung durch Geistige Integration auf (siehe Kapitel 2).

Oak

Das Schwingungsfeld ausbauen:
1. Sagen Sie zu sich: »Allmählich finde ich meine Kraft wieder«, oder einen ähnlichen Satz, der Ihnen in Ihrer Situation gut tut. Spüren Sie die Schwingungen dieses Satzes in Ihrem Körper.

Olive

2. Lassen Sie sich das Schwingungsfeld Ihrer angeborenen **Vitalität und Kraft** kommen. Wenn Sie das Feld überall um und in sich spüren, nehmen Sie seine Schwingungen in allen Zellen Ihres Körpers auf und integrieren Sie sie.

Schwindel

Gleichgewichtsstörungen

Schwindelgefühle entstehen, wenn das Gehirn bzw. das Gleichgewichtsorgan mangelhaft durchblutet sind und nicht genügend mit Sauerstoff versorgt werden. Ziehen Sie einen Arzt zu Rate, wenn dies häufiger geschieht. Bach-Blüten können durch ihre anregende Wirkung helfen.

Bach-Blüten:
Nehmen Sie bei einem Schwindelanfall von der Blütenlösung **Scleranthus** 4 Tropfen. Scleranthus hilft Ihnen, Ihr Gleichgewicht wiederzugewinnen. Von der Blütenlösung **Clematis** nehmen Sie am besten viermal täglich 3 Tropfen; dadurch wird Ihre allgemeine Wachheit und Reaktionsfähigkeit gesteigert.

Scleranthus

Clematis

Kalifornische Blütenessenz:
Dill hilft Ihnen, Ihre Sinneseindrücke klarer zu verarbeiten. Nehmen Sie von dieser Blütenlösung dreimal täglich 2 Tropfen.

Dill

Einheimische Blüten:
Stellen Sie sich selbst eine Essenz aus der wild wachsenden **Hundskamille** her (Blütezeit Mai bis September) und verdünnen Sie sie nach der Anleitung. Nehmen Sie von dieser Blütenlösung dreimal täglich 4 Tropfen ein. Die Kamille beruhigt und nimmt Ihnen die Angst.

Hundskamille

Blockierungen lösen:
Drücken Sie zur stärkeren Durchblutung des Kopfes mit dem Finger sanft das linke Nasenloch zu. Atmen Sie mit dem rechten Nasenloch ein. Drücken Sie dann das rechte zu, öffnen Sie gleichzeitig wieder das linke Nasenloch und atmen Sie links aus.

Das Schwingungsfeld ausbauen:
1. Sagen Sie sich jeden Tag: »Ich bin aktiv und habe alle meine Körperteile unter Kontrolle.«
2. Lassen Sie sich das Schwingungsfeld **der Erde** kommen und fühlen Sie, wie es Sie unterstützt und hält. Wenn Sie das Feld überall um und in sich spüren, legen Sie sich hinein wie in ein Bad, richten Sie Ihren Körper genau nach dem Feld aus und lassen Sie sich von ihm einhüllen (siehe auch Kapitel 2).

Selbstmordgedanken

Suizidgefahr

Bei Verzweiflung und Gedanken an Selbstmord darf der Betroffene vor allem nicht allein gelassen werden. Menschliche Kontakte, notfalls auch über das Telefon, sind die wichtigste Hilfsmaßnahme. Derjenige muß sich aber auch unbedingt in ärztliche Behandlung begeben.

Bach-Blüten:
Bei einer plötzlichen Krise aufgrund erschütternder Erlebnisse sind die **Rescue-Tropfen** die erste Hilfe. Nehmen Sie davon viermal täglich – notfalls auch öfter – je 3 Tropfen.
Bei länger dauernden Depressionen verhilft **Cherry Plum** zum Vertrauen auf eine Lösung und **Sweet Chestnut** (jeweils dreimal täglich 4 Tropfen) gibt Ihnen neuen Mut und neue Kraft.

Kalifornische Blütenessenz:
Buttercup gibt Ihnen Selbstvertrauen und Hoffnung. Nehmen Sie davon dreimal täglich 2 Tropfen.

Einheimische Blüten:
Stellen Sie sich eine Essenz aus **Heckenrosen**blüten her (*Rosa canina*, Blütezeit Juni), verdünnen Sie sie und nehmen Sie von dieser Blütenlösung dreimal täglich 3 Tropfen. Diese Blüten spenden Zuversicht und helfen Ihnen, nach einer konstruktiven Lösung zu suchen.

Blockierungen lösen:
Wenn Sie häufiger zu Selbstmordgedanken neigen, sollten Sie sich vergegenwärtigen, wo in Ihrem Körper diese Gefühle ansetzen. Bleiben Sie mit Ihrer ganzen Aufmerksamkeit an der gefundenen Stelle und lösen Sie die dortige Blockierung mit Hilfe der Geistigen Integration auf (siehe auch Kapitel 2).
Suchen Sie auch mit Hilfe der Beschreibungen in Kapitel 1 »Ihr« Langzeitmittel, das Sie stärkt.

Das Schwingungsfeld ausbauen:
1. Sprechen Sie sich täglich vor: »Mir wird ein Weg gezeigt werden«, oder »Ich habe die Kraft, mit den Ereignissen meines Lebens fertig zu werden.« Spüren Sie diese Kraft in sich.
2. Lassen Sie sich täglich das Schwingungsfeld Ihrer **natürlichen Unversehrtheit** kommen, legen Sie sich hinein wie in ein Bad und zentrieren Sie sich darin. Nehmen Sie die Schwingungen der Unversehrtheit in sich auf und lassen Sie sich davon heilen.

Rescue-Tropfen

Cherry Plum

Sweet Chestnut

Buttercup

Heckenrose

Sexuelle Probleme

Manzanita

Wenn die Körperfunktionen eines Menschen mit seinen Wünschen bzw. mit denen des Partners nicht übereinstimmen, entstehen Unruhe oder Angst. Dadurch verstärkt sich das Problem. Bach-Blüten können in dieser Situation lösend wirken.

Ringelblume

Agrimony

Bach-Blüten:

Agrimony

Nehmen Sie von der Blütenessenz **Agrimony** dreimal täglich je 4 Tropfen. Agrimony hilft Ihnen, Ihre innere Unruhe zu überwinden und Ihr Problem klar zu erkennen.

Olive

Olive – in derselben Dosierung eingenommen – gibt Ihnen Kraft und Selbstvertrauen, auch bei Erektionsschwäche oder Impotenz.

Kalifornische Blütenessenz:

Manzanita bestärkt Sie darin, sich und Ihren Körper zu bejahen. Nehmen Sie dreimal täglich 2 Tropfen.

Einheimische Blüten:

Stellen Sie sich aus den Blüten der **Ringelblume** (Calendula, Blütezeit Juni bis Oktober) selbst eine Blütenessenz her. Verdünnen Sie diese und nehmen Sie dreimal täglich 4 Tropfen. Dadurch können Sie Ihre inneren Spannungen und Ihre Zurückhaltung abbauen.

Blockierungen lösen:

Spüren Sie in Ihren Körper hinein: Wo nehmen Ihre Beschwerden ihren Ausgang? Gehen Sie mit Ihrer Aufmerksamkeit dorthin und lösen Sie die Blockierung durch Geistige Integration auf (siehe Kapitel 2).

Das Schwingungsfeld ausbauen:

1. Sprechen Sie sich täglich mehrmals vor: »Sexualität ist ein Teil der Liebe«, oder »Ich brauche meine Wünsche nicht zu unterdrücken.«
2. Lassen Sie sich das Schwingungsfeld Ihrer **gesunden körperlichen Liebe** kommen. Legen Sie sich hinein wie in ein Bad und zentrieren Sie sich darin. Spüren Sie, welche Schwingungen dabei in Ihnen frei werden (siehe auch Kapitel 2).

Sorgen

Sorgen sind der Versuch, unbestimmte zukünftige Ereignisse und Möglichkeiten abzuschätzen. Vor allem die Unvorhersehbarkeit macht uns dabei unruhig.

Bach-Blüten:
Nehmen Sie von der Blütenlösung **White Chestnut** viermal täglich je 3 Tropfen. White Chestnut hilft Ihnen, abzuschalten und innerlich zur Ruhe zu kommen.
Aspen – in der gleichen Dosierung eingenommen – verhilft Ihnen zu mehr Vertrauen und zu einer Klärung Ihrer Probleme.

Kalifornische Blütenessenz:
Filaree gibt Ihnen Gelassenheit und die Fähigkeit zu planvollem Vorgehen. Nehmen Sie von dieser Blütenlösung dreimal täglich 2 Tropfen.

Einheimische Blüten:
Stellen Sie sich aus den Blüten der **Königskerze** (Blütezeit Juli bis September) selbst eine Blütenessenz her. Verdünnen Sie diese nach der Anleitung und nehmen Sie dreimal täglich 4 Tropfen. Dadurch hören Sie auf, sich selbst ständig zu überfordern, und Sie finden neue Wege aus Ihren Problemen.

Blockierungen lösen:
Können Sie die Sorgen an einer bestimmten Stelle in Ihrem Körper spüren? In der Brust, im Bauch, oder vielleicht im Rücken? Gehen Sie mit Ihrer ganzen Aufmerksamkeit dorthin und lösen Sie die dortige Blockierung durch Geistige Integration auf (siehe Kapitel 2).

Das Schwingungsfeld ausbauen:
1. Sprechen Sie sich täglich vor: »Ich finde einen Weg«, oder »Ich habe schon Schlimmeres durchgemacht«, oder einen ähnlichen Satz, der Ihrer Situation entspricht.
2. Lassen Sie sich das Schwingungsfeld Ihrer **natürlichen Unerschütterlichkeit** kommen und bewegen Sie sich ein wenig hin und her. Zentrieren Sie sich und spüren Sie die neuen Schwingungen in jeder Zelle Ihres Körpers.

White Chestnut

Aspen

Filaree

Königskerze

Sterben

Sterbebegleitung

Sterben ist für die meisten Menschen der große Schritt ins Ungewisse; vielen macht dieser Schritt Angst. Wir können dem betroffenen Menschen helfen, indem wir ihn in seiner Persönlichkeit stärken und ihn mit Vertrauen erfüllen.

Saint John's Wort

In den letzten Tagen vor dem Tode soll für eine durchgehend entspannte Haltung gesorgt werden. Wenn nötig, sollen ausreichend Schmerzmittel verabreicht werden.

Rock Rose

Walnuss

Rescue-Tropfen
Rock Rose
Star of Bethlehem
Cherry Plum

Bach-Blüten:
Die **Rescue-Tropfen** können bis zum Schluss hilfreich wirken. **Rock Rose** gibt Mut, durch die Todesangst hindurchzugehen. **Star of Bethlehem** vermittelt ein Gefühl des Getragenwerdens. **Cherry Plum** gibt innere Ruhe, Gelassenheit und Vertrauen.
Sie können diese drei Blütenlösungen auch mischen und von der Mixtur dann so oft wie nötig drei Tropfen einnehmen bzw. den Sterbenden einnehmen lassen.

Kalifornische Blütenessenz:
Saint John's Wort sorgt für innere Stärke und Stabilität.
Nehmen oder geben Sie davon alle zwei Stunden 2 Tropfen.

Einheimische Blüten:
Wenn Sie sich selbst eine Essenz aus **Walnuss**blüten hergestellt haben (*Juglans regia*, Blütezeit Mai), geben Sie dreimal täglich 3 Tropfen von der verdünnten Essenz. Dieses Mittel stärkt die Persönlichkeit auf ihrem letzten Weg.

Das Schwingungsfeld ausbauen:
1. Hier sollte ganz nach den inneren Bedürfnissen des Sterbenden verfahren werden.
Es können ermutigende Sätze, Erzählungen oder auch Psalmen und Bibelstellen vorgelesen werden, sofern sie eine beruhigende Wirkung auf den Sterbenden haben.
Jemand sollte die ganze Zeit zum Zuhören da sein, falls der Sterbende frühere Geschehnisse quasi noch abschließen will oder Botschaften für andere Menschen hat.
2. Helfen Sie dem Sterbenden, sich in das Schwingungsfeld des **absoluten Vertrauens** und des **ewigen Friedens** hineinzubegeben und darin zu bleiben. Es wird für ihn eine starke Erleichterung sein.

Stimmungsschwankungen

Inkonsequenz, Labilität, Launenhaftigkeit, Unausgeglichenheit, Wankelmut

Normalerweise hat der Mensch eine stabile Grundstimmung und um diesen Kern herum gibt es eine gewisse Schwankungsbreite zwischen Freude und Trauer. Fehlt jedoch der Ausgleich der Mitte und schwankt der Mensch dauernd zwischen extremen Gefühlen hin und her, so sollte man versuchen mit Bach-Blüten eine Stabilisierung herbeizuführen.

Bach-Blüten:
Nehmen Sie von der Blütenessenz **Scleranthus** dreimal täglich je 4 Tropfen ein. Scleranthus gibt Ihnen innere Stabilität und Ausgeglichenheit. **Wild Oat** – in derselben Dosierung eingenommen – verleiht Ihrem Handeln eine gewisse Zielstrebigkeit und Konsequenz.

Scleranthus

Wild Oat

Kalifornische Blütenessenz:
Dogwood hilft Ihnen, traumatische Kindheitserlebnisse zu bewältigen und sich sicherer zu bewegen. Nehmen Sie davon dreimal täglich 2 Tropfen.

Dogwood

Einheimische Blüten:
Stellen Sie sich aus den Blüten des **Ackersenf** (*Sinapis arvensis*, Blütezeit Juni bis August) selbst eine Blütenlösung her. Diese hilft Ihnen, auch die unangenehmen Dinge des Lebens handhabbar zu machen.

Ackersenf

Blockierungen lösen:
Was behindert Sie in Ihrer Zielstrebigkeit? Wo spüren Sie diese Behinderung? Im Körper? In der Brust? Im Rücken? In den Armen oder Beinen? Bleiben Sie mit Ihrer Aufmerksamkeit an der gefundenen Stelle und lösen Sie die dortige Blockierung mit Hilfe der Geistigen Integration auf (siehe Kapitel 2).

Wild Oat

Olive

Das Schwingungsfeld ausbauen:
1. Sprechen Sie sich täglich mehrmals vor: »Ich weiß, was ich will«, oder »Ich finde meinen Weg.« Spüren Sie die Schwingungen dieses Satzes in Ihrem Körper.
2. Lassen Sie sich das Schwingungsfeld Ihrer **Ausgeglichenheit** kommen und zentrieren Sie sich. Spüren Sie die neuen Schwingungen in Ihrem Körper und integrieren Sie sie.

Stress

Anspannung, Überanstrengung, Überforderung

Ständige nervliche und körperliche Anspannung macht den Menschen krank. Versuchen Sie, mit Hilfe von Bach-Blüten regelmäßige Phasen der Entspannung einzuschieben. Lassen Sie auch Ihren Blutdruck überprüfen.

Corn

Dill

Bach-Blüten:
Nehmen Sie von der Blütenessenz **Hornbeam** fünfmal täglich je 2 Tropfen. Hornbeam hilft Ihnen, wenn Sie sich allgemein überfordert fühlen. Fühlen Sie sich jedoch ausgepowert, weil Sie gerade eine Gewaltanstrengung hinter sich haben, dann nehmen Sie die regenerierende **Olive**-Lösung in der gleichen Dosierung.

Hornbeam

Löwenzahn

Kamille

Lavendel

Olive

Stellen Sie sich vor, dass Ihre Anspannung durch die Füße tief in die Erde hinabfließt und dort neutralisiert wird.

Kalifornische Blütenessenzen:
Corn (Mais) verhilft zu innerer Stabilität und einem Gefühl des In-Sich-Ruhens. **Dill** hilft, innerlich abzuschalten und sich abzugrenzen.
Nehmen Sie davon dreimal täglich 2 Tropfen.

Einheimische Blüten:
Stellen Sie sich aus **Löwenzahn**blüten, **Kamille** oder **Lavendel** selbst eine Blütenessenz her. Löwenzahnessenz gibt Ihnen Bewegungsfreiheit und lässt Sie einen Ausweg finden. Kamille und Lavendel beruhigen.

Blockierungen lösen:
Können Sie den Stress an einer bestimmten Stelle im Körper spüren? Gehen Sie mit Ihrer Aufmerksamkeit dorthin und lösen Sie die Blockierung durch Geistige Integration auf.

Das Schwingungsfeld ausbauen:
1. Lassen Sie sich das Feld Ihrer nicht gelebten **Ausgeglichenheit und inneren Ruhe** kommen und zentrieren Sie sich. Spüren Sie die neuen Schwingungen in Ihrem Körper.
2. Sagen Sie sich vor: »Ich bin gleichmütig«, oder »Die Welt geht auch ohne mich ihren Gang«, oder »Morgen ist auch noch ein Tag!« Vielleicht finden Sie einen noch wirksameren Satz?

Sucht

Sucht nennen wir einen Zustand, in dem ein Mensch ohne ein bestimmtes Hochgefühl nicht mehr auskommen kann. Dieses Gefühl wird durch bestimmte Substanzen (Alkohol, Drogen), durch Handlungen oder Erlebnisse vermittelt. Bach-Blüten können bei der Lösung von der Abhängigkeit unterstützend wirken, wenn der Mensch den festen Willen hat, die Sucht unter Kontrolle zu bringen. Gehen Sie in jedem Fall trotzdem zum Arzt!

Bach-Blüten:
Nehmen Sie von der Blütenessenz **Larch** dreimal täglich je 4 Tropfen. Larch hilft Ihnen, sich auf Ihren eigentlichen Lebensweg und Ihre eigenen Energien zu besinnen.

Larch

Kalifornische Blütenessenzen:
Die regelmäßige Einnahme von **Chaparral** führt zu seelischer Reinigung und zur Bewältigung der Vergangenheit. **Arnica** hilft Ihnen, sich neu zu orientieren. Nehmen Sie davon dreimal täglich 2 Tropfen.

Chaparral

Arnica

Einheimische Blüten:
Stellen Sie sich selbst eine Essenz aus der wild wachsenden **Hundskamille** her (Blütezeit Mai bis September) und verdünnen Sie sie nach der Anleitung. Nehmen Sie davon dreimal täglich 4 Tropfen ein. Die Kamille beruhigt und löst Spannungen.

Hundskamille

Blockierungen lösen:
Spüren Sie in Ihren Körper hinein: Wo spüren Sie die Sucht am stärksten? Gehen Sie mit Ihrer Aufmerksamkeit an diese Stelle und lösen Sie die dortige Blockierung durch Geistige Integration auf (siehe Kapitel 2).

Das Schwingungsfeld ausbauen:
1. Sprechen Sie sich täglich mehrmals vor: »Ich folge einem ganz nor-

malen Tagesablauf«, oder »Ich werde beschützt«, oder einen ähnlichen Satz, von dem Sie spüren, dass er Ihnen hilft.

2. Lassen Sie sich das Schwingungsfeld Ihrer **wunschlosen Geborgenheit** kommen und legen Sie sich mitten hinein wie in ein Bad. Spüren Sie, wie die Schwingungen Sie einhüllen und jede Zelle Ihres Körpers durchdringen.

Teilnahmslosigkeit

Gleichgültigkeit, Interesselosigkeit, Lethargie, Passivität

Wenn Ihnen über längere Zeit hinweg alles egal ist und nichts Sie innerlich berührt, kann eine Krankheit dahinter stecken. Ziehen Sie einen Arzt oder Therapeuten zu Rate.

Bei vorübergehender Teilnahmslosigkeit können Ihnen auch Bach-Blüten helfen.

Wild Rose

Bach-Blüten:

Clematis

Nehmen Sie von einer **Clematis**-Lösung dreimal täglich je 4 Tropfen und behalten Sie diese eine Weile im Mund – möglichst unter der Zunge –, damit die Lösung durch die Mundschleimhaut schneller in den Körper gelangt. Clematis stärkt Ihre Handlungsbereitschaft.

Wild Rose

Wild Rose – in derselben Dosierung eingenommen – hilft Ihnen, wieder Entscheidungen zu treffen und Aufgaben anzugehen.

Kalifornische Blütenessenzen:

Cayenne

Tansy

Die regelmäßige Einnahme von **Cayenne** gibt Ihnen die Kraft, Veränderungen vorzunehmen. **Tansy** hilft Ihnen, die Stagnation zu überwinden. Nehmen Sie von diesen Blütenlösungen jeweils dreimal täglich 2 Tropfen.

Einheimische Blüten:

Brombeere

Stellen Sie sich aus den Blüten der **Brombeere** (Blütezeit Juni bis August) selbst eine Blütenessenz her. Die verdünnte Lösung stärkt Ihre Willenskraft.

Blockierungen lösen:
Wo in Ihrem Körper spüren Sie die Teilnahmslosigkeit? Gehen Sie mit Ihrer Aufmerksamkeit dorthin und lösen Sie die dortigen Blockierungen durch Geistige Integration auf (siehe Kapitel 2).

Das Schwingungsfeld ausbauen:
1. Sprechen Sie sich täglich mehrmals vor: »Meine Tatkraft baut sich neu auf«, oder »Ich lasse mir Zeit, um eine neue Aufgabe zu finden.«
2. Lassen Sie sich das Schwingungsfeld Ihrer **Neugier und Ihres Interesses** kommen. Zentrieren Sie sich darin und nehmen Sie die Schwingungen in Ihrem ganzen Körper auf (siehe Kapitel 2).

Trennungsschmerz

Heimweh, Liebeskummer, Sehnsucht

Die Trennung von einem geliebten Menschen kann unser Leben und unsere Gesundheit stark beeinträchtigen. Bach-Blüten helfen, diesen Schmerz zu verarbeiten.

Bach-Blüten:
Nehmen Sie von einer **Honeysuckle**-Lösung dreimal täglich je 4 Tropfen und behalten Sie diese eine Weile im

Honeysuckle

Mund – möglichst unter der Zunge –, damit die Lösung durch die Mundschleimhaut schneller in den Körper gelangt. Dieses Mittel hilft Ihnen, den Verlust zu verarbeiten.

Star of Bethlehem entspannt und hüllt Sie in Wärme ein wie in einen Kokon, sodass Ihr Schmerz besser zu ertragen ist.

Star of Bethlehem

Kalifornische Blütenessenzen:
Penstemon gibt Ihnen die Möglichkeit, auch in den Unannehmlichkeiten des Lebens einen Sinn zu erkennen. Nehmen Sie von dieser Blütenlösung dreimal täglich je 2 Tropfen ein.

Penstemon

Honeysuckle

Einheimische Blüten:
Stellen Sie sich selbst eine Essenz aus den gelben Blüten des wild wachsenden **Stechginsters** her. Er blüht im Mai und Juni. Nehmen Sie dreimal täglich 3 Tropfen von der verdünnten Essenz ein. Sie hilft Ihnen, starkes Vertrauen in die gegenwärtige Situation zu haben.

Stechginster

Blockierungen lösen:
Spüren Sie in Ihren Körper hinein. Wo sitzt das Zentrum des Schmerzes? In der Brust, in der Kehle, im Bauch? Bleiben Sie mit Ihrer Aufmerksamkeit an dieser Körperstelle und lösen Sie die dortige Blockierung mit Hilfe der Geistigen Integration auf (siehe auch Kapitel 2.)

Das Schwingungsfeld ausbauen:
1. Sprechen Sie sich mehrmals täglich vor: »Ich lasse den Schmerz los«, oder »Ich werde getröstet«, oder einen ähnlichen Satz, der Ihnen in der jetzigen Situation hilft. Spüren Sie, wie Ihr Körperzustand sich dabei langsam verändert.
2. Lassen Sie sich sodann das Schwingungsfeld Ihrer totalen **Gefasstheit** kommen.
Wenn Sie das Feld überall um und in sich spüren, richten Sie Ihren Körper genau danach aus und lassen Sie sich davon einhüllen.

Übelkeit

Brechreiz, Erbrechen, Reisekrankheit

Übelkeit wird vor allem im Magen spürbar, ist aber auch verbunden mit Schwindelgefühlen. Sie kann etwa durch verdorbenes Essen hervorgerufen sein oder durch seelische Aufregungen. Wenn Sie öfter an Übelkeit leiden, suchen Sie einen Arzt auf.

Bach-Blüten:
Nehmen Sie von der Blütenlösung **Scleranthus** viermal täglich jeweils 3 Tropfen. Scleranthus gibt Ihnen das innere und äußere Gleichgewicht wieder. **Aspen** – in der gleichen Dosierung eingenommen – gibt Ihnen mehr Klarheit und vor allem ein sicheres Körpergefühl.
Stellen Sie sich vor, dass Ihre Übelkeit durch die Füße tief in die Erde hinabfließt und dort neutralisiert wird.

Scleranthus

Aspen

Kalifornische Blütenessenz:
Dill hilft Ihnen, Ihre Sinneseindrücke besser zu verarbeiten und notfalls abzuschalten. Nehmen Sie davon dreimal täglich 2 Tropfen.

Dill

Einheimische Blüten:
Stellen Sie sich selbst eine Essenz aus der wild wachsenden **Hundskamille**

Hundskamille

her (Blütezeit Mai bis September) und verdünnen Sie sie nach der Anleitung. Nehmen Sie davon dreimal täglich 4 Tropfen ein. Kamille beruhigt den Magen.

Blockierungen lösen:
An welcher Stelle im Körper spüren Sie die Übelkeit? Gehen Sie mit Ihrer Aufmerksamkeit dorthin und lösen Sie die Blockierung durch Geistige Integration auf (siehe Kapitel 2).

Das Schwingungsfeld ausbauen:
1. Sprechen Sie sich täglich vor: »Ich stehe fest und sicher auf den Beinen«, oder einen ähnlichen Satz, der Ihrer Situation entspricht.
2. Lassen Sie sich das Schwingungsfeld Ihrer **inneren Robustheit** kommen und bewegen Sie sich ein wenig hin und her. Zentrieren Sie sich und spüren Sie die neuen Schwingungen in jeder Körperzelle.

Überaktivität

Rastlosigkeit

Überaktivität, vor allem bei Kindern, ist eine Erscheinung unserer Zeit, die von Eltern und Lehrern beklagt wird.

Bach-Blüten können helfen, sie einzugrenzen.

Bach-Blüten:
Nehmen Sie von der Blütenlösung **Agrimony** dreimal täglich je 4 Tropfen. Agrimony beruhigt und gibt innere Ausgeglichenheit.
Stellen Sie sich vor, dass Ihre Unruhe durch die Füße tief in die Erde hinabfließt und dort neutralisiert wird.

Agrimony

Kalifornische Blütenessenz:
Dill gibt Ihnen die Fähigkeit, innerlich abschalten zu können. **Chamomile** löst Spannungen und gibt Gelassenheit. Nehmen Sie davon dreimal täglich 2 Tropfen.

Dill
Chamomile

Einheimische Blüten:
Wahlweise können Sie sich von **Lavendel** selbst eine Blütenlösung herstellen. Lavendel hilft Ihnen, Ballast abzuwerfen und mehr Harmonie zu gewinnen (Blütezeit Juni bis August.)

Lavendel

Blockierungen lösen:
Wo in Ihrem Körper spüren Sie besonders stark den Drang, aktiv zu sein? In der Brust? Im Rücken? In den Armen oder Beinen? Bleiben Sie mit Ihrer Aufmerksamkeit an dieser Stelle und lösen Sie die Blockierung mit Hilfe der Geistigen Integration auf.

Das Schwingungsfeld ausbauen:
1. Sprechen Sie sich täglich mehrmals vor: »Ich kann das in Ruhe an-

gehen«, oder »Ich habe jede Menge Zeit«, oder einen ähnlichen Satz, von dem Sie spüren, dass er Ihnen hilft, Ihr Tempo zu reduzieren.
2. Lassen Sie sich täglich das Schwingungsfeld Ihrer inneren **Gelassenheit** kommen; lassen Sie die Schwingungen auf sich wirken und machen Sie sie sich zu Eigen.

Überempfindlichkeit

Hypersensibilität

Wenn Sie in besonders starkem Maße die Schwingungen Ihrer Umgebung aufnehmen, empfiehlt man Ihnen, sich »ein dickeres Fell wachsen zu lassen«. Doch wie macht man das? Bach-Blüten können einen Anfang zeigen.

Pine

Bach-Blüten:

Mimulus

Nehmen Sie von der Blütenessenz **Mimulus** dreimal täglich je 4 Tropfen. Mimulus hilft Ihnen, die vielen Irritationen des täglichen Lebens zu überwinden und freier damit umzugehen.

Pine

Pine – in derselben Dosierung eingenommen – gibt Ihnen mehr Selbstvertrauen und innere Ruhe.

Kalifornische Blütenessenzen:

Lavender

Pink Yarrow

Die regelmäßige Einnahme von **Lavender** mindert die innere Anspannung und bringt mehr Ausgeglichenheit. **Pink Yarrow** zentriert Ihr Energiefeld in Ihrem Körper und macht Sie unempfindlicher gegen die Außenwelt. Nehmen Sie davon dreimal täglich 2 Tropfen.

Einheimische Blüten:

Heidekraut

Stellen Sie sich selbst eine Essenz aus wild wachsendem **Heidekraut** (*Calluna vulgaris*, Blütezeit Juli bis September) her. Nehmen Sie dreimal täglich 3 Tropfen von der verdünnten Essenz. Heidekraut beruhigt und hilft Ihnen, die Aufmerksamkeit von sich weg auf andere Menschen zu richten.

Blockierungen lösen:
Spüren Sie in Ihren Körper hinein: Wo sammelt sich das Gefühl der Irritation? Im Nacken, in der Brust, in den Händen?
Gehen Sie mit Ihrer ganzen Aufmerksamkeit an die betreffende Stelle und lösen Sie die dortige Blockierung durch Geistige Integration (siehe auch Kapitel 2).

Das Schwingungsfeld ausbauen:
1. Sprechen Sie sich täglich mehrmals vor: »Ich bin unempfindlich und dickhäutig.«
2. Lassen Sie sich das Schwingungsfeld Ihres **inneren Gleichmuts** kommen. Zentrieren Sie sich darin und spüren Sie, wie die Schwingungen Ihren ganzen Körper einhüllen (siehe Kapitel 2).

Überlegenheitsgefühl

Arroganz, Hochmut, Überheblichkeit

Wir möchten uns gern für besser halten als unsere Mitmenschen und das kann auch eine Zeit lang unser Selbstbewusstsein stärken.

Zur seelischen Weiterentwicklung müssen wir jedoch andere Wege beschreiten.

Bach-Blüten:
Nehmen Sie von der Blütenlösung **Beech** viermal täglich je 3 Tropfen. Beech hilft Ihnen, milder und toleranter über andere Menschen zu denken und zu urteilen.

Beech

Vine – in der gleichen Dosierung eingenommen – gibt Ihnen die Kraft, mit Ihren Fähigkeiten anderen weiterzuhelfen.

Vine

Kalifornische Blütenessenz:
Larkspur lässt Sie anerkennen, dass auch die anderen ihre Stärken haben. Nehmen Sie davon dreimal täglich 2 Tropfen.

Larkspur

Einheimische Blüten:
Stellen Sie sich aus den Blüten der **Ringelblume** (Calendula, Blütezeit Juni bis Oktober) selbst eine Blütenessenz her. Verdünnen Sie diese und nehmen Sie dreimal täglich 4 Tropfen. Dadurch können Sie Ihre inneren Spannungen und Ihre Zurückhaltung abbauen.

Ringelblume

Blockierungen lösen:
An welcher Stelle im Körper spüren Sie das Überlegenheitsgefühl? In der Brust, im Bauch, im Rücken? Gehen Sie mit Ihrer Aufmerksamkeit dorthin und lösen Sie die Blockierung durch Geistige Integration auf (siehe Kapitel 2).

Beech

Das Schwingungsfeld ausbauen:
1. Sprechen Sie sich täglich vor: »Ich stehe mit den anderen auf gleicher Ebene«, oder »Freundliches Geben und Nehmen ist mir wichtiger als Anerkennung«, oder einen ähnlichen Satz, der Ihrer Situation entspricht.
2. Lassen Sie sich das Schwingungsfeld Ihrer **Vertrautheit mit den anderen Menschen** kommen und zentrieren Sie sich. Spüren Sie die neuen Schwingungen in Ihrem Körper.

Unduldsamkeit

Intoleranz

Müssen wir die Ansichten oder Verhaltensweisen anderer Menschen gelten lassen, auch wenn wir sie für falsch halten? Bach-Blüten helfen uns, hier einen Weg zu finden.

Bach-Blüten:
Mischen Sie die Blütenlösungen **Beech** und **Vine** miteinander und nehmen Sie dreimal täglich je 4 Tropfen. Dieses Mittel verhilft Ihnen zu mehr Toleranz und Großzügigkeit.

Beech
Vine

Kalifornische Blütenessenzen:
Larkspur macht großzügig und gesteht dem andern eigenverantwortliches Handeln zu. **Zinnia** vermittelt einen mehr spielerischen Umgang mit den Dingen. Nehmen Sie davon dreimal täglich 2 Tropfen.

Larkspur
Zinnia

Einheimische Blüten:
Stellen Sie sich selbst eine Essenz aus **Eisenkraut**blüten (*Verbena officinalis*) her. Eisenkraut blüht von Juli bis Oktober. Nehmen Sie dreimal täglich 3 Tropfen von der verdünnten Essenz. Sie hilft Ihnen, den Blickwinkel anderer zu verstehen und in Ihre Urteile einzubeziehen.

Eisenkraut

Blockierungen lösen:
Atmen Sie zunächst mehrmals tief aus und ein und kommen Sie zur Ruhe. Spüren Sie in Ihren Körper hinein und versuchen Sie, die Stelle zu fin-

den, an der sich Ihre Unduldsamkeit konzentriert. Bleiben Sie mit Ihrer Aufmerksamkeit an dieser Stelle und lösen Sie die dortige Blockie- rung durch Geistige Integration auf (siehe Kapitel 2).

Das Schwingungsfeld ausbauen:
1. Sprechen Sie sich mehrmals am Tage vor: »Ich lasse die anderen ihren eigenen Weg finden«, oder »Über Kleinigkeiten rege ich mich nicht auf.«
2. Lassen Sie das Schwingungsfeld Ihrer **Kompromissfähigkeit** kommen. Bewegen Sie sich ein wenig hin und her, zentrieren Sie sich in dem Feld und nehmen Sie die Schwingungen in sich auf.

Unentschlossenheit

Ratlosigkeit, Zweifel

Es gibt Menschen, die sich nie entscheiden können, weil sie alle Möglichkeiten für gleich gut oder gleich schlecht halten. Bach-Blüten helfen ihnen, trotzdem eine Wahl zu treffen.

Bach-Blüten:
Nehmen Sie von der Blütenessenz **Scleranthus** fünfmal täglich je 2 Tropfen. Diese Lösung gibt Entschlusskraft bei Unsicherheit und Zweifeln.

Wenn Sie ratlos sind, weil Sie für jede der angebotenen Möglichkeiten gleich starke Neigungen (oder Abneigungen) haben, nehmen Sie in der gleichen Dosierung **Wild Oat**, das Sie Ihre Aufgabe erkennen lässt.

Wild Oat

Kalifornische Blütenessenz:
Peppermint fördert nachhaltig die geistige Wachheit und Beweglichkeit. Nehmen Sie davon dreimal täglich 2 Tropfen.

Peppermint

Einheimische Blüten:
Stellen Sie eine Essenz aus **Brombeer**blüten her und verdünnen Sie sie (Blütezeit Juni bis August.) Nehmen Sie davon dreimal täglich 3 Tropfen.

Brombeere

Blockierungen lösen:
Was behindert Sie in Ihrer Entschlussfreudigkeit? Wo spüren Sie diese Behinderung im Körper? In der Brust? Im Rücken? In den Armen oder Beinen? Bleiben Sie mit Ihrer Aufmerksamkeit an der gefundenen Stelle und lösen Sie die dortige Blockierung mit Hilfe der Geistigen Integration auf (siehe Kapitel 2).

Das Schwingungsfeld ausbauen:
1. Sprechen Sie sich täglich mehrmals vor: »Was ich tue, führt in jedem Falle weiter«, oder »Ich wage einen Entschluss.«

Scleranthus

2. Lassen Sie sich das Schwingungsfeld Ihrer **inneren Klarheit** kommen, zentrieren Sie sich darin und nehmen Sie die Schwingungen in Ihren Körper auf.

Ungeduld

Wenn Ihnen alles nicht schnell genug geht und Sie es »nicht abwarten können«, setzen Sie sich selbst und andere unter Druck und machen sich krank.

Möglicherweise stecken körperliche Ursachen dahinter, wie z.B. ein überhöhter Blutdruck.

Bach-Blüten:

Impatiens

Nehmen Sie von der **Impatiens**-Lösung dreimal täglich je 4 Tropfen. Impatiens hilft Ihnen, loszulassen und sich zu entspannen.
Lassen Sie Ihre Ungeduld mit dem Atem durch die Füße direkt in die Erde laufen.

Kalifornische Blütenessenz:

Chamomile

Chamomile beruhigt und löst die Spannung des Getriebenseins.
Nehmen Sie davon dreimal täglich 2 Tropfen.

Einheimische Blüten:

Löwenzahn

Wahlweise können Sie sich von **Löwenzahn** selbst eine Blütenessenz herstellen und nach der Anleitung verdünnen. Löwenzahn blüht von April bis Mai und hilft Ihnen, Ereignisse und Menschen so anzunehmen, wie sie sind.

Blockierungen lösen:
Spüren Sie in Ihren Körper hinein und finden Sie heraus, wo das Zentrum Ihrer Ungeduld sitzt. Bleiben Sie mit Ihrer Aufmerksamkeit an dieser Stelle und lösen Sie die dortige Blockierung mit Hilfe der Geistigen Integration auf (siehe Kapitel 2).

Das Schwingungsfeld ausbauen:
1. Sprechen Sie sich täglich mehrmals vor: »Es geschieht alles zur rechten Zeit am rechten Ort«, oder »Die Vorsehung hat ihr eigenes Zeitmaß.«
2. Lassen Sie sich das Schwingungsfeld Ihres **natürlichen Wachstumstempos** kommen. Legen Sie sich hinein wie in ein Bad und spüren Sie, wie Sie Kontakt mit der Erde bekommen. Lassen Sie die Schwingungen auf sich wirken.

Unruhe

Aufgeregtheit

Sie sind ständig in Bewegung, überwach und aufgeregt; Gedankenfluten stürmen auf Sie ein. Lassen Sie

zunächst Ihren Blutdruck und Ihre Schilddrüsenfunktion von einem Arzt überprüfen. Bach-Blüten können zur Beruhigung beitragen.

Gehen Sie langsam auf und ab und atmen Sie tief ein und aus, wenn Sie sehr unruhig sind und Sie sich zur Einnahme der Tropfen nicht hinsetzen können.

Bach-Blüten:
Wenn zu viel von außen auf Sie eindringt, nehmen Sie von der Blütenessenz **Cherry Plum** fünfmal täglich je 3 Tropfen. **Agrimony** bringt innere Ruhe und Ausgeglichenheit. Die **Rock Rose**-Lösung beruhigt vor allem die Nerven. Sie können – wenn Sie wollen – diese drei Lösungen auch miteinander mischen.

Kalifornische Blütenessenz:
Red Clover gibt Ihnen Ruhe und Gelassenheit. Nehmen Sie von dieser Blütenlösung dreimal täglich jeweils 2 Tropfen ein.

Red Clover

Einheimische Blüten:
Stellen Sie eine Essenz aus **Kamillen**blüten her (Hundskamille, Blütezeit Mai bis September) und nehmen Sie dreimal täglich 4 Tropfen von der verdünnten Lösung (siehe vor allem auch »Zum Gebrauch des Behandlungsteils«) Die Kamille beruhigt und löst Spannungen.

Kamille

Cherry Plum

Blockierungen lösen:
Schauen Sie nach innen: Wo sitzt das Zentrum Ihrer Unruhe? Im Bauch? In den Armen? Lösen Sie die dortige Blockierung durch Geistige Integration auf. Beobachten Sie, welches Gefühl dann an die Stelle der Unruhe tritt (siehe Kapitel 2).

Das Schwingungsfeld ausbauen:
1. Sprechen Sie sich selbst vor: »Das kann mich doch nicht aus der Fassung bringen! Ich bin die Ruhe selbst!« Atmen Sie dabei so tief wie möglich aus und ein.
2. Legen Sie sich entspannt hin und lassen Sie sich das Schwingungsfeld Ihrer nicht gelebten **inneren Stabilität** kommen. Lassen Sie Ihren gan-

Cherry Plum
Agrimony

Rock Rose

zen Körper von diesen Schwingungen durchdringen.

Unsicherheit

Manchen Menschen fehlt das Vertrauen in die Stabilität ihrer Umgebung, sie sind ständig darauf gefasst, dass ihnen »der Boden unter den Füßen weggezogen« wird.

Bach-Blüten können diesen Menschen ein Gefühl der Sicherheit vermitteln.

Bach-Blüten:

Larch

Nehmen Sie von der **Larch**-Lösung dreimal täglich je 4 Tropfen. Larch gibt Ihnen Mut und Durchsetzungskraft.

Scleranthus

Scleranthus – in derselben Dosierung – gibt Ihnen innere Stabilität und Entschlusskraft.

Cerato

Cerato hilft Ihnen, Zweifel zu überwinden und Ihre eigene Meinung zu vertreten. Sie können auch zwei oder drei dieser Mittel zu gleichen Teilen miteinander mischen.

Kalifornische Blütenessenzen:

Mallow

Mallow lässt Sie Ihren eigenen Wert erkennen und hilft Ihnen, schneller auf andere Menschen zuzugehen.

Garlic

Garlic gibt Ihnen innere Sicherheit und Stabilität. Nehmen Sie von diesen Blütenlösungen dreimal täglich je 2 Tropfen ein.

Einheimische Blüten:

Zitterpappel

Stellen Sie eine Essenz aus den Blüten der **Zitterpappel** (auch »Espe«, Blütezeit März bis April) her und nehmen Sie dreimal täglich je 4 Tropfen von der verdünnten Blütenlösung ein (siehe vor allem auch Einleitung zum Behandlungsteil).

Die Espen-Lösung gibt Vertrauen und innere Kraft.

Blockierungen lösen:

Spüren Sie in Ihren Körper hinein und finden Sie heraus, wo das Zentrum Ihrer Unsicherheit sitzt – im Rücken, im Bauch, in der Brust, in der Kehle? Finden Sie den genauen Ort und bleiben Sie mit Ihrer Aufmerksamkeit an dieser Stelle. Lösen Sie die dortige Blockierung mit Hilfe der Geistigen Integration auf (siehe Kapitel 2).

Das Schwingungsfeld ausbauen:

1. Sprechen Sie sich mehrmals täglich vor: »Was ich tue, ist richtig«, oder »Ich werde von unsichtbaren Kräften unterstützt«, oder einen ähnlichen Satz, der gut auf Ihre Situation passt und Ihnen hilft.
2. Lassen Sie sich das Schwingungsfeld Ihres **Urvertrauens** kommen, zentrieren Sie sich darin und lassen Sie die Schwingungen in allen Zellen Ihres Körpers wirken.

Unterdrückte Gefühle

Gehören Sie auch zu den Menschen, die sich nichts anmerken lassen und immer Haltung bewahren? Damit unterdrücken Sie Ihre Gefühle und rufen innere Spannungen hervor, die krank machen können.

Bach-Blüten wirken lösend und entspannend.

Bach-Blüten:
Nehmen Sie von **Agrimony** dreimal täglich je 4 Tropfen. Agrimony hilft Ihnen, Ihre unterdrückten Sorgen und Nöte aufzudecken.
Atmen Sie so tief, wie es ohne Anstrengung möglich ist, aber erzeugen Sie durch das Atmen keinen zusätzlichen Druck.

Kalifornische Blütenessenzen:
Star Tulip hilft Ihnen, Ihre Gefühle besser wahrzunehmen. **Scarlet Monkeyflower** regt Sie an, Ihre Gefühle gleich beim Entstehen auszudrücken. Nehmen Sie davon dreimal täglich 2 Tropfen.

Einheimische Blüten:
Wahlweise können Sie sich von **Löwenzahn** selbst eine Blütenessenz herstellen und sie verdünnen. Löwenzahn blüht von April bis Mai und hilft Ihnen, verdrängte Gefühle aufzulösen.

Blockierungen lösen:
Spüren Sie in Ihren Körper hinein und finden Sie heraus, wo sich die unterdrückten Gefühle offenbaren. Bleiben Sie mit Ihrer Aufmerksamkeit an dieser Stelle und lösen Sie die dortige Blockierung mit Hilfe der Geistigen Integration auf (siehe Kapitel 2).

Das Schwingungsfeld ausbauen:
1. Sprechen Sie sich täglich mehrmals vor: »Ich bin offen und selbstbewusst und kann alle meine Gefühle frei äußern.«
2. Lassen Sie sich das Schwingungsfeld Ihres **Angenommenseins** kommen, legen Sie sich genau in die Mitte und fühlen Sie, wie alle Körperteile und Gliedmaßen von den Schwingungen durchströmt werden.

Agrimony

Star Tulip
Scarlet Monkeyflower

Löwenzahn

Unzufriedenheit

Frustration

Wenn unser tatsächliches Erleben nicht mit unseren Wünschen übereinstimmt, sind wir unzufrieden. Um Zufriedenheit zu erreichen, können wir entweder die Wirklichkeit ändern oder unsere Wünsche. Bach-Blüten zeigen den Weg dazu.

Bach-Blüten:

Wild Oat

Nehmen Sie von der **Wild Oat**-Lösung dreimal täglich je 4 Tropfen. Wild Oat lässt Sie den für Sie richtigen Weg entdecken. **Gentian** – in derselben Dosierung – ermöglicht es Ihnen, neue Lösungen zu finden.

Gentian

Kalifornische Blütenessenz:

Penstemon

Penstemon lässt Sie auch in Krisen einen Sinn sehen und gibt Ihnen Durchhaltevermögen. Nehmen Sie davon dreimal täglich 2 Tropfen.

Einheimische Blüten:

Brombeere

Sie können sich aus **Brombeer**blüten selbst eine Essenz herstellen und sie verdünnen. Die Brombeere blüht von Juni bis August und verhilft Ihnen zu gedanklicher Klarheit und Tatkraft.

Blockierungen lösen:

Spüren Sie in Ihren Körper hinein und finden Sie heraus, wo das Zentrum Ihrer Unzufriedenheit sitzt. Bleiben Sie mit Ihrer Aufmerksamkeit an dieser Stelle und lösen Sie die dortige Blockierung mit Hilfe der Geistigen Integration auf (siehe Kapitel 2).

Das Schwingungsfeld ausbauen:

1. Sprechen Sie sich täglich mehrmals vor: »Ich finde den richtigen Weg«, oder »Bald habe ich es geschafft.« Spüren Sie den Schwingungen Ihrer Worte nach.
2. Lassen Sie das Schwingungsfeld Ihrer **angeborenen Weisheit** kommen und legen Sie sich hinein. Lassen Sie sich durch die Schwingungen verwandeln.

Verantwortungsscheu

Unzuverlässigkeit

Wer Verantwortung trägt, kann angegriffen werden und die Schuld an fehlerhaften Ergebnissen zugewiesen bekommen. Deswegen traut sich mancher nicht zu, für die Ergebnisse seines Handelns einzustehen. Bach-Blüten geben Ihnen wieder Mut zur Verantwortung.

Walnut

Walnut

Willow

Bach-Blüten:
Nehmen Sie von der **Walnut**-Lösung dreimal täglich je 4 Tropfen. Walnut hilft Ihnen, Ihre Vorhaben erfolgreich durchzuführen. **Willow** – in derselben Dosierung eingenommen – macht Sie verantwortungswilliger. Atmen Sie so tief, wie es ohne Anstrengung möglich ist.

Mountain Pride

Sweet Pea

Kalifornische Blütenessenzen:
Mountain Pride bewirkt, dass Sie sich für eine Sache einsetzen. **Sweet Pea** macht es Ihnen leicht, Verantwortung zu übernehmen. Nehmen Sie davon dreimal täglich 2 Tropfen.

Walderdbeere

Einheimische Blüten:
Sie können sich aus den Blüten der **Walderdbeere** (Blütezeit Mai bis Juni) selbst eine Essenz herstellen und sie verdünnen. Diese Lösung gibt Selbstachtung und Verlässlichkeit.

Blockierungen lösen:
Spüren Sie in Ihren Körper hinein und finden Sie heraus, wo das Zentrum Ihrer Verantwortungsscheu sitzt. Bleiben Sie mit Ihrer Aufmerksamkeit an dieser Stelle und lösen Sie die dortige Blockierung mit Hilfe der Geistigen Integration auf.

Das Schwingungsfeld ausbauen:
1. Sprechen Sie sich täglich mehrmals vor: »Ich bin bereit, mich festzulegen, wenn es um eine gute Sache geht.«
2. Lassen Sie sich das Schwingungsfeld Ihrer **Selbstsicherheit** kommen, legen Sie sich hinein, zentrieren Sie sich darin und nehmen Sie dann die Schwingungen in alle Körperzellen auf.

Verkrampfungen

Verspannungen

Verkrampfungen sind schmerzhafte Verspannungen, die sich nicht ohne weiteres von allein wieder lösen. Rufen Sie bei inneren Krämpfen in Brust oder Bauch in jedem Falle einen Arzt!

Impatiens

Rescue-Tropfen

Mimulus

Bach-Blüten:
Nehmen Sie von **Impatiens** dreimal täglich je 4 Tropfen. Bei starken Verkrampfungen können Sie das Mittel auch öfter anwenden oder aber auch die **Rescue-Tropfen** nehmen. Impatiens hilft Ihnen, loszulassen und zu entspannen. Wenn die Verspannungen auf Angst zurückzuführen sind, nehmen Sie **Mimulus**, das löst die Angst und beruhigt.

Chamomile

Kalifornische Blütenessenzen:
Chamomile löst Spannungen im

Self Heal

Magen und Oberbauch; es beruhigt auch. **Self Heal** unterstützt die Selbstheilungskräfte des Körpers und lindert Bauchschmerzen. Nehmen Sie davon dreimal täglich 2 Tropfen.

Einheimische Blüten:

Beinwell

Honeysuckle

Verdünnen Sie eine selbst hergestellte Essenz aus **Beinwell**blüten (siehe »Zum Gebrauch des Behandlungsteils»). Nehmen Sie davon viermal täglich 4 Tropfen. Beinwell löst nachhaltig Verkrampfungen.

Blockierungen lösen:

Spüren Sie in Ihren Körper hinein und finden Sie heraus, wo das Zentrum der Verspannung sitzt. Bleiben Sie dann mit Ihrer ganzen Aufmerksamkeit an dieser Stelle und lösen Sie die dortige Blockierung mit Hilfe der Geistigen Integration auf.

Das Schwingungsfeld ausbauen:

Garlic

Self Heal

Kamille

1. Wenn Sie häufiger unter Verspannungen leiden, sprechen Sie sich täglich mehrmals vor: »Ich bin beweglich und gehe auf alles ein.«
2. Lassen Sie sich Ihr gesamtes Körperschwingungsfeld kommen, legen Sie sich genau in die Mitte und fühlen Sie, wie alle **Körperteile miteinander verbunden** sind und von Energien durchströmt werden. Falls irgendwo ein Hindernis ist, lösen Sie dieses auf.

Verstopfung

Hiermit sind alle Fälle verzögerten oder unregelmäßigen Stuhlgangs angesprochen. Dazu gehören auch lange »Sitzungen«. Verstopfung kann auch eine Begleiterscheinung anderer Krankheiten sein. Suchen Sie daher bei chronischen Problemen zuerst einen Arzt auf!

Bach-Blüten:

Nehmen Sie von einer **Honeysuckle**-Lösung dreimal täglich 4 Tropfen. Honeysuckle hilft Ihnen, Festsitzendes loszulassen.

Legen oder setzen Sie sich bequem hin und atmen Sie so tief wie möglich, vor allem in den Bauch. Heben Sie beim Einatmen die Bauchdecke und ziehen Sie sie beim Ausatmen ein, bis diese Bewegung automatisch stattfindet. Dadurch werden Ihre Verdauungsorgane massiert.

Kalifornische Blütenessenzen:

Garlic fördert die Regelmäßigkeit der Verdauung. **Self Heal** unterstützt die Selbstheilungskräfte des Körpers und lindert Bauchschmerzen.

Einheimische Blüten:

Stellen Sie eine Essenz aus **Kamillen**blüten her (Hundskamille, Blütezeit Mai bis September) und nehmen Sie dreimal täglich 4 Tropfen von der Lösung. Kamille beruhigt und löst Spannungen im Bauch.

Blockierungen lösen:
Wenn die Verstopfung häufiger auftritt, spüren Sie in Ihren Körper hinein und finden Sie heraus, wo das Zentrum der Beschwerden sitzt. Bleiben Sie dort mit Ihrer Aufmerksamkeit und lösen Sie die Blockierung mit Hilfe der Geistigen Integration auf.

Das Schwingungsfeld ausbauen:
1. Sprechen Sie sich täglich mehrmals vor: »Meine Därme sind geschmeidig und tun ihre Arbeit«, oder einen ähnlichen Satz, der Ihnen hilfreich erscheint.
2. Lassen Sie sich das Schwingungsfeld Ihrer **inneren Gelöstheit** kommen. Legen Sie sich hinein, zentrieren Sie sich und spüren Sie die Schwingungen in Ihrem Körper.

Verzweiflung

Selbstaufgabe

Von Verzweiflung sprechen wir, wenn ein Mensch so aus der Fassung gebracht ist, dass er nicht weiß, wie er weitermachen soll. Bach-Blüten können zur Beruhigung beitragen.

Bach-Blüten:
In akuten Fällen nehmen Sie die **Rescue-Tropfen**, so oft es Ihnen notwendig erscheint. Das entspannt und lässt Sie die Situation als weniger bedrohlich erleben. Wenn zu viel von außen auf Sie eindringt, nehmen Sie von der Blütenlösung **Cherry Plum** fünfmal täglich je 3 Tropfen. Cherry Plum verhilft Ihnen zu innerer Ruhe und Gelassenheit. **Sweet Chestnut** – in derselben Dosierung eingenommen – gibt Ihnen Abstand und neue Kraft.

Rescue-Tropfen

Cherry Plum

Sweet Chestnut

Kalifornische Blütenessenz:
Borage führt Sie aus der Krise. Nehmen Sie davon dreimal täglich 2 Tropfen.

Borage

Einheimische Blüten:
Nehmen Sie dreimal täglich 4 Tropfen von einer selbst hergestellten und verdünnten Essenz aus **Hamamelis**blüten. (Blütezeit Januar bis Februar). Hamamelis wirkt lösend, kraftspendend und stabilisierend.

Hamamelis

Blockierungen lösen:
Schauen Sie nach innen: Wo sitzt die Verzweiflung in Ihrem Körper? Im Bauch? In der Brust? Wenn Sie die Stelle gefunden haben, lösen Sie die dortige Blockierung durch Geistige Integration auf. Achten Sie darauf,

welches Gefühl dann an die Stelle der Verzweiflung tritt (siehe Kapitel 2).

Rock Rose

Das Schwingungsfeld ausbauen:
1. Sprechen Sie sich selbst vor: »Mir wächst neue Kraft zu!«, oder »Ich werde einen Weg finden.« Atmen Sie dabei so tief wie möglich aus und ein.

Chrysanthemum

2. Legen Sie sich entspannt hin und lassen Sie sich das Schwingungsfeld Ihres **Urvertrauens** kommen. Legen Sie sich in die Mitte dieses Feldes und lassen Sie Ihren ganzen Körper von den Schwingungen durchdringen.

Hamamelis

Wechseljahrs-beschwerden

Klimakterium

Während der Wechseljahre haben die hormonellen Umstellungen im Körper der Frau unterschiedliche Folgen, wie z.B. Hitzewallungen, Herzklopfen, Reizbarkeit, Stimmungsschwankungen. Bach-Blüten wirken ausgleichend auf den Organismus.

Bach-Blüten:
Nehmen Sie von der Blütenlösung **Cherry Plum** fünfmal täglich jeweils 3 Tropfen. Cherry Plum gibt Ihnen innere Ruhe und Selbstvertrauen. **Impatiens** – in derselben Dosierung eingenommen – vertreibt innere Spannungen, Ungeduld und Irritationen. **Rock Rose** hilft Ihnen, durch diese schwierige Lebensphase hindurchzugehen.

Cherry Plum

Impatiens

Kalifornische Blütenessenz:
Chrysanthemum nimmt die Angst vor dem Älterwerden. Nehmen Sie davon dreimal täglich 2 Tropfen.

Einheimische Blüten:
Nehmen Sie dreimal täglich 4 Tropfen von einer selbst hergestellten und verdünnten Essenz aus **Hamamelisblüten** (Blütezeit Januar bis Februar). Hamamelis wirkt lösend, kraftspendend und stabilisierend.

Blockierungen lösen:
Schauen Sie nach innen: Wo spüren Sie die Beschwerden in Ihrem Körper? Im Bauch? In der Brust? Wenn Sie die Stelle gefunden haben, lösen Sie die Blockierung durch Geistige Integration auf (siehe Kapitel 2).

Das Schwingungsfeld ausbauen:
1. Sprechen Sie sich mehrmals täglich vor: »Diese Umstellungsphase ist bald zu Ende«, oder »Mein Ich wird dadurch nicht beeinträchtigt«, oder finden Sie einen ähnlichen Satz, der Ihnen hilft. Spüren Sie den Schwingungen des Satzes nach.

2. Legen Sie sich in das Schwingungsfeld **Ihrer Lebenserfüllung**. Nehmen Sie die Schwingungen in jede Körperzelle auf.

Wetterfühligkeit

Wenn Ihr körperliches Befinden und Ihr Gemütszustand sich jeweils mit dem Wetter verändern, ist das oft sehr störend. Bach-Blüten können diese Abhängigkeit eingrenzen.

Bach-Blüten:
Wenn das Wetter Sie »kribbelig« und nervös macht, nehmen Sie von der Blütenlösung **Impatiens** fünfmal täglich je 3 Tropfen. Impatiens unterbindet die heftigen Reaktionen Ihres Körpers auf Wetteränderungen. **Cherry Plum** (in der gleichen Dosierung) hilft Ihnen, dann loszulassen, wenn die Nerven überfordert sind.

Kalifornische Blütenessenz:
Pink Yarrow gibt Ihnen seelischen Schutz bei Belastungen aus der Umwelt. Nehmen Sie von dieser Blütenlösung dreimal täglich je 2 Tropfen ein.

Pink Yarrow

Einheimische Blüten:
Nehmen Sie dreimal täglich 4 Tropfen von einer selbst hergestellten und verdünnten Essenz aus **Hamamelis**blüten (Blütezeit Januar bis Februar). Hamamelis wirkt lösend, kraftspendend und stabilisierend.

Hamamelis

Impatiens

Blockierungen lösen:
Schauen Sie in Ihren Körper: Wo fühlen Sie sich am meisten genervt? Im Bauch? In der Brust? Im Rücken? Wenn Sie die Stelle gefunden haben, lösen Sie die dortige Blockierung durch Geistige Integration auf (siehe Kapitel 2).

Das Schwingungsfeld ausbauen:
1. Sprechen Sie sich mehrmals am Tage vor: »Das ist nur das Wetter, das geht vorbei«, oder »Das nehme ich alles nicht so tragisch.«
2. Lassen Sie sich das Schwingungsfeld Ihrer **angeborenen Stabilität** kommen, legen Sie sich in dessen Mitte und lassen Sie Ihren ganzen Körper von den Schwingungen einhüllen.

Impatiens

Cherry Plum

Anhang

Bezugsadressen

Normalerweise können die Bach-Blüten über jede Apotheke bezogen werden. Die Kalifornischen Bach-Blüten können Sie u. a. beziehen bei:

Niemitz-Apotheke B. Popella
Georgsplatz 16
20099 Hamburg
Tel. 040/324223

LF-Naturprodukte
Treenering 105
24851 Eggebek
Tel. 04609/1535

Österreich:
Drogerie Wimmer
St. Berthold Allee 23
A-4451 Garsten
Tel. 0043/7252/53131

Schweiz:
Chrüter-Drogerie Egger
Unterstadt 28
CH-8200 Schaffhausen
Tel. 0041/52/624 5030

Sonstige Informationen
Institut für Bach-Blütentherapie
Forschung und Lehre
(Dr. Bach Centre)
Lippmannstr. 57
22769 Hamburg

Literatur

Edward Bach: Blumen, die durch die Seele heilen, Hugendubel Verlag

Edward Bach: Gesammelte Werke, Aquamarin-Verlag

K. Berger: Co-Counseln, die Therapie ohne Therapeut, Rowohlt Verlag

K. Berger: Gesund ohne Arzt, Urania Verlag

M. Bischof: Biophotonen, das Licht in unseren Zellen, Verlag Zweitausendeins

Dr. G. Blome: Das neue Bach-Blüten-Buch, Verlag Hermann Bauer

A. Cochrane, C. Harvey: Die Enzyklopädie der Blütenessenzen, Aquamarin Verlag

dtv-Atlas zur Psychologie, Bd. 1 und Bd. 2, dtv Verlag

A. Frankenberger: Blütenessenzen für Frauen, Knaur Verlag

A. Frankenberger: Blütenessenzen für Partnerschaft und Sexualität, Knaur Verlag

A. Frankenberger: Blütenessenzen für Schulkinder, Knaur Verlag

A. Frankenberger: Blütenessenzen für Schwangerschaft und Geburt, Knaur Verlag

A. Frankenberger: Blütenessenzen für Spiritualität, Traum und Kreativität, Knaur Verlag

A. Frankenberger: Das große Buch der Blütenessenzen (über 100 Bach-Blüten und Kalifornische Blütenessenzen), Knaur Verlag

K. Grimberg: Bach-Blütentherapie für Tiere, mvg Verlag

A. Kosch: Was blüht denn da, Kosmos

P. Michel: Das Bach-Blüten Orakel, Aquamarin Verlag

F. A. Popp: Biologie des Lichts, Paul Parey Verlag

M. Scheffer: Bach-Blütentherapie, Hugendubel Verlag
M. Scheffer: Kompakt-Fragebogen zur Selbstbestimmung einer aktuellen Bach-Blüten-Mischung, Institut für Bach-Blütentherapie, Lippmannstr. 57, D-22769 Hamburg
J. Schönleben: Blütenessenzen selber machen, Südwest Verlag
Wie funktioniert das? Der Mensch und seine Krankheiten, Bibliographisches Institut Mannheim

Register

Die Deutsche Bibliothek –
CIP–Einheitsaufnahme

Berger, Karola:
Bach-Blüten und mentales Training/
Karola Berger. – Orig.–Ausg. –
Berlin: Urania 1998
ISBN 3-332-00639-8

Umschlaggestaltung:
rex Verlagsproduktion, München
Titelbild: Ines Blersch
Fotos: Ines Blersch
Lektorat: Dr. Reitter & Partner Verlag
GmbH, Vaterstetten
Satz: Dr. Reitter & Partner Verlag
GmbH, Vaterstetten
Druck: Messedruck Leipzig GmbH

Printed in Germany

Die Ratschläge in diesem Buch sind von Autorin und Verlag sorgfältig erwogen und geprüft, dennoch kann eine Garantie nicht übernommen werden. Eine Haftung der Autorin bzw. des Verlages und seiner Beauftragten für Personen-, Sach- und Vermögensschäden ist ausgeschlossen.

Originalausgabe
ISBN 3-332-00639-8